“十三五”高等职业教育汽车类专业“互联网+”创新教材

汽车发动机机械系统检修实训工作页

主　编　闫寒乙　于　涛
副主编　郑　晖　吴志强　李文昌
参　编　马　勇　周　克　赵天胜　李嘉宁
　　　　杨晓梅　朱雄伟　贾辰飞　杨　锐
主　审　闫　军

机械工业出版社

《汽车发动机机械系统检修实训工作页》是与《汽车发动机机械系统检修》配套使用的实训教材。本书是在对汽车企业广泛调研的基础上，针对职业教育的特色和教学模式的需要，组织相关院校一线教师精心编写而成的。全书共分为7个学习项目，23个学习任务，主要内容包括发动机气缸压力的检测、发动机总成的认识与拆卸、曲柄连杆机构的检测与维修、配气机构的检测与维修、润滑系统的检测与维修、冷却系统的检测与维修、发动机总装与验收。

本书不仅可以作为在校学生学习“汽车发动机机械系统检修”实践操作技能的教材，还可以作为汽车从业人员业务培训和汽车维修职业技能资格考核的教材。

图书在版编目（CIP）数据

汽车发动机机械系统检修实训工作页/闫寒乙，于涛主编．—北京：机械工业出版社，2018.11（2025.1重印）

“十三五”高等职业教育汽车类专业“互联网+”创新教材

ISBN 978-7-111-61123-3

Ⅰ．①汽…　Ⅱ．①闫…②于…　Ⅲ．①汽车－发动机－机械系统－车辆检修－高等职业教育－教材　Ⅳ．①U472.43

中国版本图书馆CIP数据核字（2018）第234606号

机械工业出版社（北京市百万庄大街22号　邮政编码100037）
策划编辑：曹新宇　　责任编辑：曹新宇　牛砚斐
责任校对：张　薇　杜雨霏　封面设计：鞠　杨
责任印制：常天培
固安县铭成印刷有限公司印刷
2025年1月第1版第5次印刷
184mm×260mm·7.5印张·176千字
标准书号：ISBN 978-7-111-61123-3
定价：20.00元

凡购本书，如有缺页、倒页、脱页，由本社发行部调换

电话服务
服务咨询热线：010-88379833
读者购书热线：010-88379649

网络服务
机 工 官 网：www.cmpbook.com
机 工 官 博：weibo.com/cmp1952
教育服务网：www.cmpedu.com
金 书 网：www.golden-book.com

封面无防伪标均为盗版

前　言

加强实习实训是提高职业教育质量的重点。《汽车发动机机械系统检修实训工作页》是与《汽车发动机机械系统检修》配套使用的实训教材。本书是在对汽车企业广泛调研的基础上，针对职业教育的特色和教学模式的需要，组织相关院校一线教师精心编写而成的。

本书在内容安排上本着近期“必需够用”和将来“迁移可用”的原则，在内容设计上以学生为主体，以行动导向为理念，将实训教学的组织、实训过程的记录、实训结果的评价与职业院校技能大赛的实训工单相结合。在实训过程中，充分体现六步教学法，内容先进科学、简明实用。本书将汽车发动机机械系统检修的基础理论和实践应用完美融合，以富有逻辑性的组织结构引领学生了解和学习汽车发动机的基础知识并掌握实际操作的基本技能，实现理实一体化教学。同时本书配套技能微课视频，并通过信息化教学手段将纸质教材与课程资源有机结合，为资源丰富的“互联网+”智慧实训教材。

本书由闫寒乙、于涛任主编，汉中职业技术学院闫军教授任主审。项目1由渭南职业技术学院李文昌编写；项目2由昆明工业职业技术学院郑晖编写；项目3、项目4由汉中职业技术学院闫寒乙编写；项目5由西安航空职业技术学院于涛编写；项目6、项目7由汉中职业技术学院吴志强编写。参与本书编写工作的还有马勇、周克、赵天胜、李嘉宁、杨晓梅、朱雄伟、贾辰飞、杨锐。

本书配套的技能微课视频资源由深圳风向标教育资源股份有限公司制作，浙江吉利控股集团有限公司、陕西唐龙汽车集团有限公司、汉中鼎鑫汽车销售有限公司等企业为本书的编写提供了设备和技术支持，在编写本书的过程中参阅了大量的书籍和资料，在此对相关人员及企业一并表示感谢！

最后，恳请广大读者对书中疏漏和不足之处批评指正，以便交流、探讨，加以改进（邮箱：416720417@qq.com）。

编　者

目　录

二维码索引

序号	名　　称	图　　形	序号	名　　称	图　　形
1	发动机气缸压力的检测		9	曲轴轴颈的磨损、弯曲变形的检修	
2	发动机总成的认识与拆卸		10	曲轴主轴承的检修	
3	气缸体的检修		11	正时传动装置的检修	
4	气缸磨损的检修		12	气门组件的检修	
5	活塞环的检修		13	气门传动组件的检修	
6	活塞及活塞销的检修		14	气门间隙的检查	
7	连杆的检验与校正		15	液压挺柱的检修	
8	连杆轴承的检修		16	发动机机油压力的检测	

（续）

序号	名　　称	图　　形	序号	名　　称	图　　形
17	机油滤清器的检修		21	冷却液的更换	
18	机油泵的检修		22	发动机装配工艺规程	
19	冷却风扇、散热器的检修		23	发动机验收基本条件	
20	水泵、节温器的检修				

项目 1　发动机气缸压力的检测

任务　发动机气缸压力的检测

姓名		学生组号		班级	
实训场地		课时		日期	
任务目标	掌握相关理论知识，制订工作计划，完成对发动机气缸压力的检测。				
任务描述	4S 店来了一批新员工，技术经理委托你对新员工进行入职培训，按照培训计划安排，本次的培训任务为对雪佛兰科鲁兹轿车的气缸压力进行检测。				
实训设备	雪佛兰科鲁兹轿车及 LDE 发动机实训台。				
资讯	**一、填空题** 1）四冲程发动机是指曲轴旋转__________周，活塞在气缸内往复完成__________、__________、__________、__________四个行程的发动机。 2）进气行程中，进气门__________，排气门__________，转动的曲轴带动活塞从上止点向下止点运动。 3）发动机压缩比过大，会导致__________和__________等不正常燃烧现象的出现，从而造成发动机过热、功率下降、油耗增加等一系列不良后果。 4）做功行程中，在高温高压气体的推动下，活塞由上止点向下止点运动，并通过连杆使曲轴旋转运动，进而产生转矩而做功，发动机至此完成了一次将__________转变为__________的过程。 5）相邻两缸压力过低，其原因可能是____________________________________；气缸压力过高，其原因可能是____________________________________。 6）气缸压力表是一种气体压力表，由__________、导管、__________和接头等组成。 7）气缸压力的检测方法为__________检测法，是指在发动机__________前提下，用气缸压力表检测活塞到达压缩上止点时气缸内的压力。 8）测量气缸压力时，应保证蓄电池电压不低于__________，冷却液温度为__________。使用起动机拖动卸除全部火花塞的发动机运转时，汽油发动机转速为__________。				

（续）

资讯

9）测量气缸压力时，用起动机转动曲轴__________，每缸测量不少于__________次，测量结果取最__________值。

10）电控车在测量气缸压力时必须拆下燃油泵熔断器或其他继电器、熔断器再测量，否则往往会导致__________以及缸压偏低的情况。

11）由于缸压测量具有一定的偶然性，只测一次往往不准确，只有经过__________次测量然后取其平均值，测量结果才有效。

12）气缸压力的测量结果如高于原设计值，可能是燃烧室内__________过多、气缸垫过__________或气缸体与气缸盖结合平面修理加工过甚造成的。

13）气缸压力的测量结果如低于原设计值，说明气缸密封性__________，可向该缸火花塞孔内注入少量__________再进行测量，并进一步记录诊断。

14）柴油机吸入气缸的是__________气而不是__________气，进气终了时气体压力略高于汽油机而气体温度略低于汽油机。

15）柴油机压缩行程终了时气体温度和压力都比汽油机__________，气体压力为__________MPa，气体温度为__________K。

16）发动机的每一个工作循环，曲轴转__________°，每一个行程曲轴转__________°。

17）发动机的每一个工作循环，进、排气门各开启______次。

18）发动机工作过程中，只有__________行程产生动力，其他三个行程是为做功行程做准备工作的辅助行程。

19）四冲程发动机的做功间隔角为______°曲轴转角。

20）直列四缸发动机的做功顺序一般有__________或__________。

二、根据下列图例，按要求填写相关信息

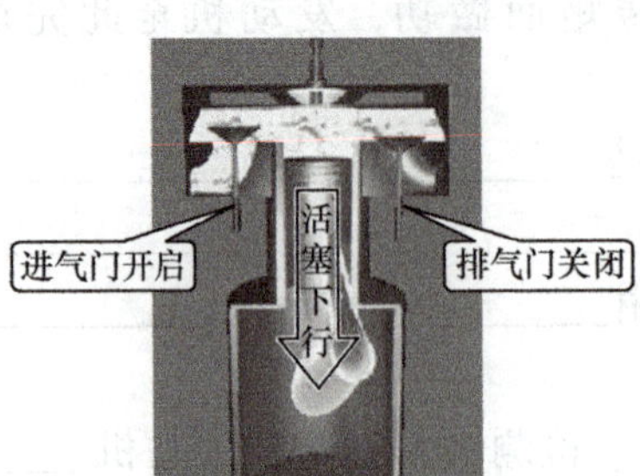

名称：__________________

特点：__________________

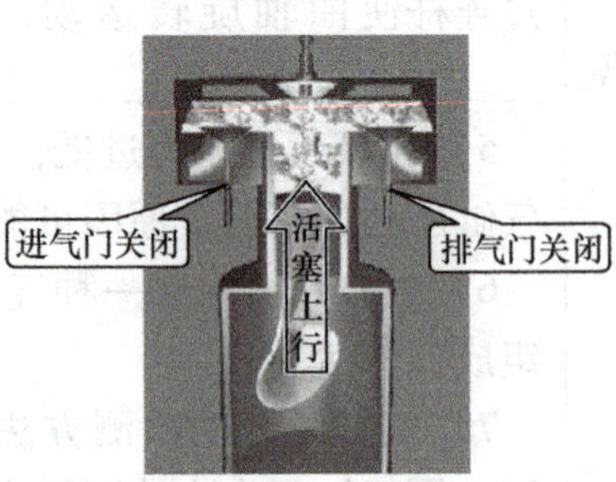

名称：__________________

特点：__________________

（续）

<table>
<tr><td>资讯</td><td colspan="8">
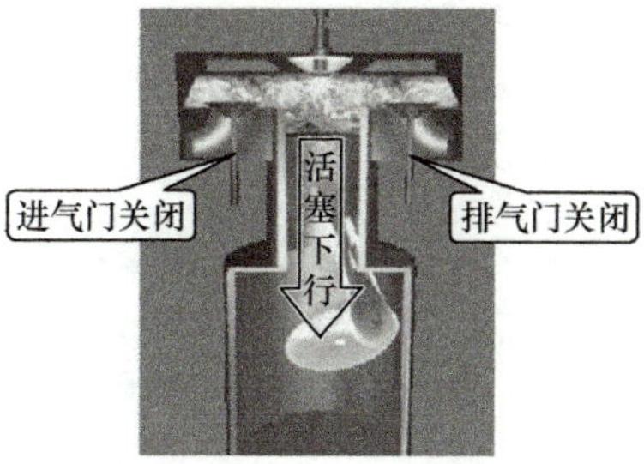

名称：________
特点：________
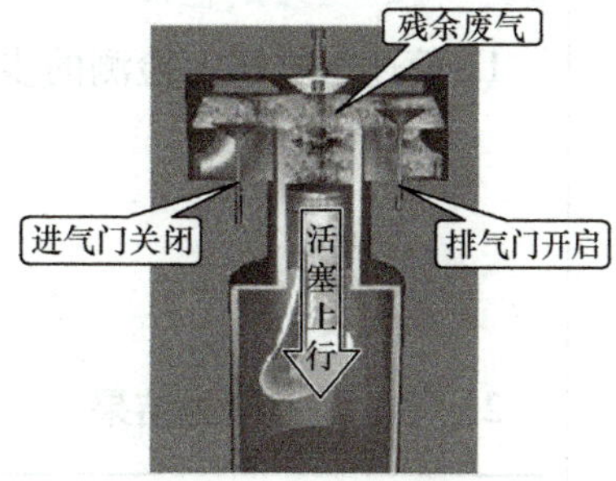

名称：________
特点：________
</td></tr>
<tr><td rowspan="12">计划与决策</td><td rowspan="9">实施计划</td><td colspan="5">检测与诊断步骤</td><td colspan="2">仪器与工具、量具</td></tr>
<tr><td colspan="5">1.</td><td colspan="2"></td></tr>
<tr><td colspan="5">2.</td><td colspan="2"></td></tr>
<tr><td colspan="5">3.</td><td colspan="2"></td></tr>
<tr><td colspan="5">4.</td><td colspan="2"></td></tr>
<tr><td colspan="5">5.</td><td colspan="2"></td></tr>
<tr><td colspan="5">6.</td><td colspan="2"></td></tr>
<tr><td colspan="5">7.</td><td colspan="2"></td></tr>
<tr><td colspan="5">8.</td><td colspan="2"></td></tr>
<tr><td rowspan="2">任务分工</td><td>职责</td><td>组长/记录</td><td>主操作</td><td>辅操作</td><td>仪器管理</td><td>安全 6S</td><td>质检</td></tr>
<tr><td>姓名</td><td></td><td></td><td></td><td></td><td></td><td></td></tr>
<tr><td>注意事项</td><td colspan="7"></td></tr>
<tr><td>实施</td><td colspan="8">
一、发动机基本检查
1. 登记发动机基本信息 | 发动机型号：
2. 发动机油、电、水检查 | □正常　　□不正常
</td></tr>
</table>

（续）

实施

二、气缸压力的检测

1. 简述气缸压力检测的步骤

2. 气缸压力检测结果

气缸 / 次数	第一缸	第二缸	第三缸	第四缸
第一次				
第二次				
第三次				
平均值				

3. 结果分析

（1）压力过高

原因：

（2）压力过低

向火花塞或喷油器孔内注入少量机油然后测量气缸压力。

① 第二次测得的压力比第一次高，接近标准压力，表明是：

② 第二次测得的压力与第一次相近，即仍比标准压力低，表明是：

③ 某相邻两缸两次测量结果均比标准压力低，说明：

（续）

实施

三、为什么测量发动机气缸密封性时要把节气门置于全开位置?

四、测量气缸压力有哪些注意事项?

五、诊断结论

维修建议：☐ 更换　☐ 维修　☐ 调整

检查与评估

检查监督：☐ 6S 管理　☐ 分工合理　☐ 过程完整　☐ 操作规范
☐ 数据正确　☐ 现场恢复　☐ 其他异常情况：________

过程考核

考评项目		组长考核	教师考核	备注
素质考评（10 分）	劳动纪律（5 分）			
	安全文明生产（5 分）			
工单考评（40 分）				
实操考评（50 分）	工具使用（5 分）			
	任务方案（10 分）			
	实施过程（30 分）			
	完成情况（5 分）			
合计（100 分）				
个人最终成绩				

实训小结

项目 2　发动机总成的认识与拆卸

任务　发动机总成的认识与拆卸

姓名		学生组号		班级	
实训场地		课时		日期	
任务目标	掌握相关理论知识，制订工作计划，完成对发动机总成的拆卸。				
任务描述	4S 店来了一批新员工，技术经理委托你对新员工进行入职培训，按照培训计划安排，本次的培训任务为对雪佛兰科鲁兹轿车的发动机总成进行拆卸。				
实训设备	雪佛兰科鲁兹轿车及 LDE 发动机实训台。				

资讯

一、填空题

1）汽油发动机的两大机构是________机构、________机构，五大系统是________系统、________系统、______系统、______系统、______系统。

2）曲柄连杆机构通常由________组、________组和________组三部分组成。

3）电控汽油供给系统由______、________、________、________、________、________、________、________组成。

4）润滑系统的主要作用是________________________。

5）水冷系统主要由________、________、________、________、________、________和________________等组成。

6）点火系统根据其发展过程，可分为传统点火系统、________系统。

7）起动系统一般由________、________、________等组成。

8）汽油的点燃温度比柴油的点燃温度______，汽油的自燃温度比柴油的自燃温度______。

9）二冲程发动机，活塞往复运动______次完成一个工作循环，其做功行程约占活塞全行程的________。

10）排量为 1680mL 的四缸发动机，燃烧室容积为 60mL，压缩比等于________。

（续）

<table>
<tr><td rowspan="2">资讯</td><td>
11）某发动机活塞行程为60mm，其曲轴的曲柄半径为________。
12）柴油机用________方法点燃燃油。
13）气缸工作容积是指__________________的容积。
14）四冲程发动机每工作一个循环，曲轴转______周。
15）四冲程发动机的工作循环包括四个活塞行程，工作顺序为__________
____________________。
16）水平对置式发动机左右两列气缸中心线的夹角应为______°。
17）曲柄连杆机构用来将活塞的往复直线运动转换成____________运动。
18）汽车用发动机一般按__________来分类。
19）________是发动机的支架以及发动机零部件的装配基体。
20）V型发动机中，两侧气缸之间最常见的夹角是______°。
</td></tr>
<tr><td>
二、根据下列图例，按要求填写相关信息

零件名称：____________

零件名称：____________
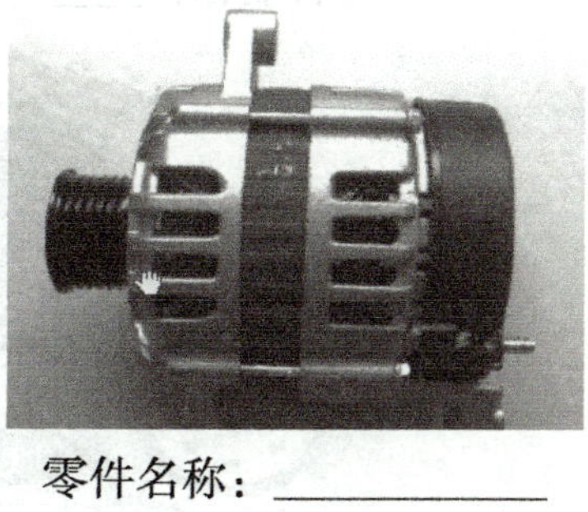
零件名称：____________
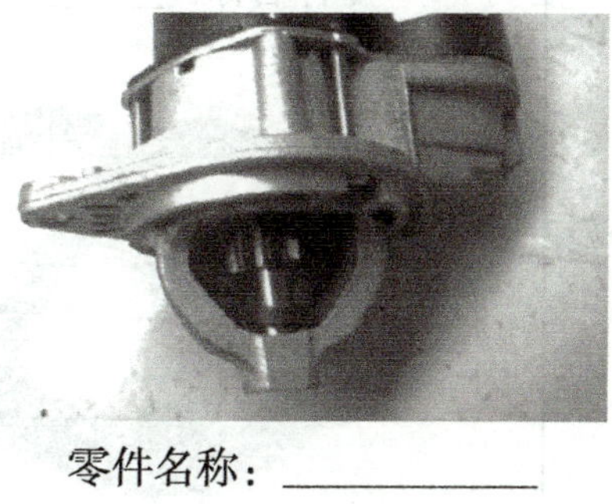
零件名称：____________
</td></tr>
</table>

（续）

资讯	 零件名称：________  零件名称：________ 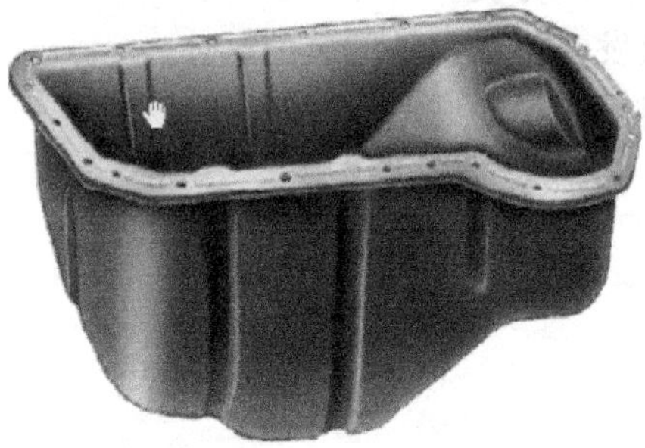 零件名称：________  零件名称：________  零件名称：________ 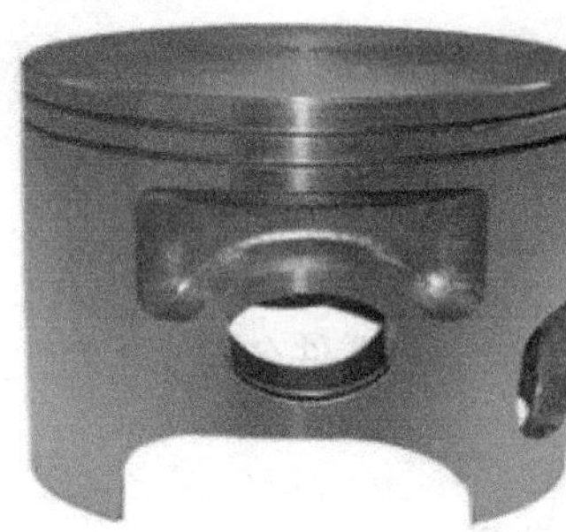 零件名称：________  零件名称：________  零件名称：________

（续）

<table>
<tr><td>资讯</td><td colspan="8">
零件名称：________

零件名称：________</td></tr>
<tr><td rowspan="12">计划与决策</td><td rowspan="9">实施计划</td><td colspan="5">检测与诊断步骤</td><td colspan="2">仪器与工具、量具</td></tr>
<tr><td colspan="5">1.</td><td colspan="2"></td></tr>
<tr><td colspan="5">2.</td><td colspan="2"></td></tr>
<tr><td colspan="5">3.</td><td colspan="2"></td></tr>
<tr><td colspan="5">4.</td><td colspan="2"></td></tr>
<tr><td colspan="5">5.</td><td colspan="2"></td></tr>
<tr><td colspan="5">6.</td><td colspan="2"></td></tr>
<tr><td colspan="5">7.</td><td colspan="2"></td></tr>
<tr><td colspan="5">8.</td><td colspan="2"></td></tr>
<tr><td rowspan="2">任务分工</td><td>职责</td><td>组长/记录</td><td>主操作</td><td>辅操作</td><td>仪器管理</td><td>安全6S</td><td>质检</td></tr>
<tr><td>姓名</td><td></td><td></td><td></td><td></td><td></td><td></td></tr>
<tr><td>注意事项</td><td colspan="7"></td></tr>
<tr><td>实施</td><td colspan="8">

一、发动机基本检查

1. 登记发动机基本信息	发动机型号：
2. 发动机油、电、水检查	□ 正常　　□ 不正常

</td></tr>
</table>

（续）

实施

二、发动机总成检查

项　　目	检查结果
零部件的连接	□ 正常　□ 不正常
发动机线路	□ 正常　□ 不正常

维修建议：□ 更换　□ 维修　□ 调整

三、简述发动机的拆卸流程

四、活塞连杆组的拆卸应注意什么？

五、气缸盖的拆卸应注意什么？

（续）

<table>
<tr><td rowspan="3">检查与评估</td><td>检查监督</td><td>□ 6S 管理　□ 分工合理　□ 过程完整　□ 操作规范
□ 数据正确　□ 现场恢复　□ 其他异常情况：＿＿＿＿＿＿</td></tr>
<tr><td>过程考核</td><td>
<table>
<tr><th colspan="2">考 评 项 目</th><th>组长考核</th><th>教师考核</th><th>备注</th></tr>
<tr><td rowspan="2">素质考评（10 分）</td><td>劳动纪律（5 分）</td><td></td><td></td><td></td></tr>
<tr><td>安全文明生产（5 分）</td><td></td><td></td><td></td></tr>
<tr><td colspan="2">工单考评（40 分）</td><td></td><td></td><td></td></tr>
<tr><td rowspan="4">实操考评（50 分）</td><td>工具使用（5 分）</td><td></td><td></td><td></td></tr>
<tr><td>任务方案（10 分）</td><td></td><td></td><td></td></tr>
<tr><td>实施过程（30 分）</td><td></td><td></td><td></td></tr>
<tr><td>完成情况（5 分）</td><td></td><td></td><td></td></tr>
<tr><td colspan="2">合计（100 分）</td><td></td><td></td><td></td></tr>
<tr><td colspan="2">个人最终成绩</td><td colspan="2"></td><td></td></tr>
</table>
</td></tr>
<tr><td>实训小结</td><td></td></tr>
</table>

项目 3　曲柄连杆机构的检测与维修

任务 3.1　气缸体的检修

姓名		学生组号		班级	
实训场地		课时		日期	
任务目标	掌握相关理论知识，制订工作计划，完成对发动机气缸体的检修。				
任务描述	4S 店来了一批新员工，技术经理委托你对新员工进行入职培训，按照培训计划安排，本次的培训任务为对雪佛兰科鲁兹轿车的气缸体进行检修。				
实训设备	雪佛兰科鲁兹 LDE 发动机的气缸体或发动机台架。				

资讯

一、填空题

1）机体组主要包括____________、____________、____________、____________等不动件。

2）机体组是发动机的__________，是发动机各机构和各系统的______________，承受着各种载荷。

3）气缸体一般由______和____________组成，且内部铸有____________、______等。

4）气缸体按照气缸排列形式有____________、____________和____________三种形式。

5）气缸体结构有____________、____________和____________三种形式。

6）汽油机的燃烧室常见的形状有___________、__________和___________。

7）气缸盖安装在___________的上面，其上装有___________、___________、___________、___________等。

8）气缸盖的主要作用是____。

9）气缸垫装在气缸盖和气缸体之间，其功用是__________________________。

10）气缸垫上标有__________或__________的标记，安装时须注意。

11）油底壳的主要功用是____________________。

12）油底壳内部通常设有挡油板，主要作用是________________________。

（续）

资讯

13）油底壳底部的放油螺塞一般是具有______的，主要作用是__________
____________________________________。

14）检测气缸体上平面的平面度时，应分别沿着气缸体上平面的__________、__________和__________方向进行。

15）气缸体上平面发生变形可使用____________来测量_______________间隙。

16）气缸体与气缸盖平面翘曲变形将会引起______、______、____________等故障。

17）气缸体上端面与________结合，对气体形成______，防止______。

18）气缸盖的工作条件是__________，其主要损伤形式有____________。

19）汽油机的燃烧室常见的结构形式有__________燃烧室、________燃烧室、__________燃烧室。

20）曲轴箱有三种结构形式，刚度最好的是________曲轴箱。

二、根据下列图例，按要求填写相关信息

1）结合下图，填写其相对应的气缸体的类型及特点。

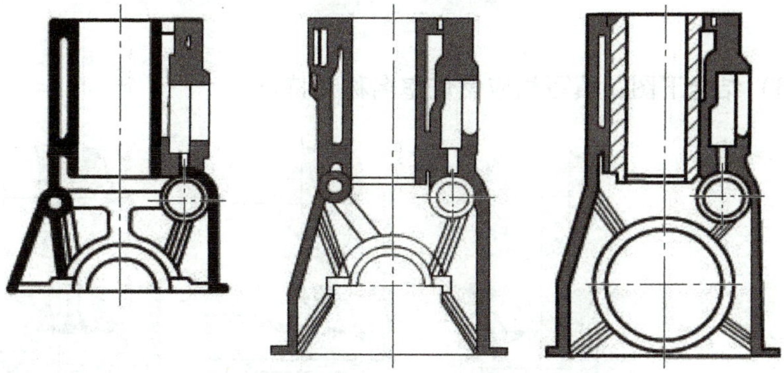

① ② ③

① 名称：____________________

特点：____

② 名称：____________________

特点：____

③ 名称：____________________

特点：____

（续）

<table>
<tr>
<td>资讯</td>
<td>
2）结合下图，填写相应零件名称。

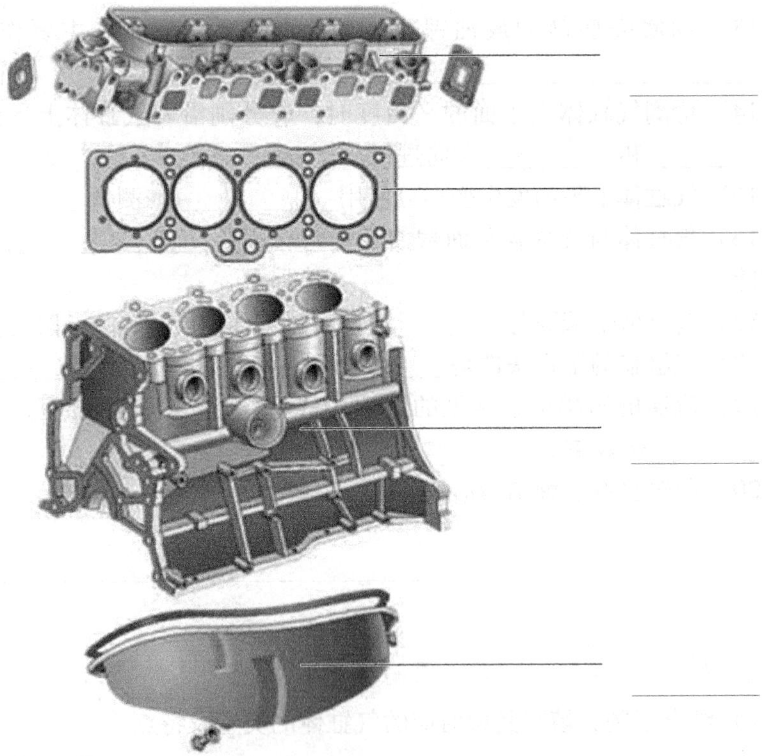

3）结合下图，填写相应燃烧室名称及特点。

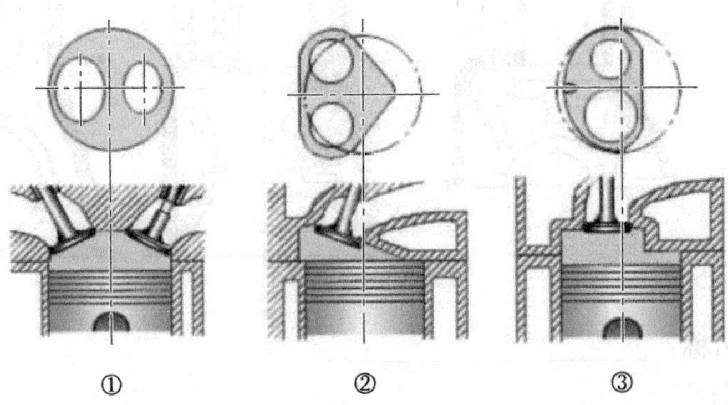

① ② ③

① 名称：____________

特点：____________

② 名称：____________

特点：____________

③ 名称：____________

特点：____________
</td>
</tr>
</table>

（续）

<table>
<tr><td rowspan="14">计划与决策</td><td rowspan="9">实施计划</td><td colspan="5">检测与诊断步骤</td><td colspan="2">仪器与工具、量具</td></tr>
<tr><td colspan="5">1.</td><td colspan="2"></td></tr>
<tr><td colspan="5">2.</td><td colspan="2"></td></tr>
<tr><td colspan="5">3.</td><td colspan="2"></td></tr>
<tr><td colspan="5">4.</td><td colspan="2"></td></tr>
<tr><td colspan="5">5.</td><td colspan="2"></td></tr>
<tr><td colspan="5">6.</td><td colspan="2"></td></tr>
<tr><td colspan="5">7.</td><td colspan="2"></td></tr>
<tr><td colspan="5">8.</td><td colspan="2"></td></tr>
<tr><td rowspan="2">任务分工</td><td>职责</td><td>组长/记录</td><td>主操作</td><td>辅操作</td><td>仪器管理</td><td>安全6S</td><td>质检</td></tr>
<tr><td>姓名</td><td></td><td></td><td></td><td></td><td></td><td></td></tr>
<tr><td rowspan="3">注意事项</td><td colspan="7"></td></tr>
<tr><td colspan="7"></td></tr>
<tr><td colspan="7"></td></tr>
<tr><td>实施</td><td colspan="8">一、发动机基本检查
1. 登记发动机基本信息 ｜ 发动机型号：
2. 发动机油、电、水检查 ｜ □ 正常　□ 不正常

二、气缸体与气缸盖的检查
1. 简述气缸体变形的检查步骤</td></tr>
</table>

（续）

<table>
<tr><td rowspan="3">实施</td><td>

2. 气缸体与气缸盖外观目视检查

项　　目	检 查 结 果			
	气缸体		气缸盖	
有无裂纹	□ 正常	□ 不正常	□ 正常	□ 不正常
有无破损	□ 正常	□ 不正常	□ 正常	□ 不正常
有无烧蚀	□ 正常	□ 不正常	□ 正常	□ 不正常
翘曲情况	□ 正常	□ 不正常	□ 正常	□ 不正常
密封情况	□ 正常	□ 不正常	□ 正常	□ 不正常
积炭黏附情况	□ 正常	□ 不正常	□ 正常	□ 不正常

维修建议：□ 更换　　□ 维修　　□ 调整

3. 气缸体平面度检查

（单位：mm）

位置号	测量点 1	测量点 2	测量点 3	测量点 4	测量点 5	平面度误差及结果判定
纵向 1						
纵向 2						
横向 1						
横向 2						
对角线 1						
对角线 2						

注：结果判定填写合格或不合格。

维修建议：□ 更换　　□ 维修　　□ 调整

</td></tr>
</table>

（续）

实施

4. 气缸盖平面度检查

（单位：mm）

位置号	测量点 1	测量点 2	测量点 3	测量点 4	测量点 5	平面度误差及结果判定
纵向 1						
纵向 2						
横向 1						
横向 2						
对角线 1						
对角线 2						

注：结果判定填写合格或不合格。

维修建议：☐ 更换　☐ 维修　☐ 调整

三、气缸体异常有什么后果?

四、诊断结论

维修建议：☐ 更换　☐ 维修　☐ 调整

检查与评估	检查监督	☐ 6S 管理　☐ 分工合理　☐ 过程完整　☐ 操作规范 ☐ 数据正确　☐ 现场恢复　☐ 其他异常情况：＿＿＿＿＿＿

（续）

<table>
<tr><td rowspan="11">检查与评估</td><td rowspan="10">过程考核</td><td colspan="2">考评项目</td><td>组长考核</td><td>教师考核</td><td>备注</td></tr>
<tr><td rowspan="2">素质考评（10分）</td><td>劳动纪律（5分）</td><td></td><td></td><td></td></tr>
<tr><td>安全文明生产（5分）</td><td></td><td></td><td></td></tr>
<tr><td colspan="2">工单考评（40分）</td><td></td><td></td><td></td></tr>
<tr><td rowspan="4">实操考评（50分）</td><td>工具使用（5分）</td><td></td><td></td><td></td></tr>
<tr><td>任务方案（10分）</td><td></td><td></td><td></td></tr>
<tr><td>实施过程（30分）</td><td></td><td></td><td></td></tr>
<tr><td>完成情况（5分）</td><td></td><td></td><td></td></tr>
<tr><td colspan="2">合计（100分）</td><td></td><td></td><td></td></tr>
<tr><td colspan="2">个人最终成绩</td><td colspan="2"></td><td></td></tr>
<tr><td>实训小结</td><td colspan="5"></td></tr>
</table>

任务 3.2　气缸磨损的检修

姓名		学生组号		班级	
实训场地		课时		日期	
任务目标	掌握相关理论知识，制订工作计划，完成对发动机气缸磨损的检修。				
任务描述	4S 店来了一批新员工，技术经理委托你对新员工进行入职培训，按照培训计划安排，本次的培训任务为对雪佛兰科鲁兹轿车进行气缸磨损的检测及维修尺寸的确定。				
实训设备	雪佛兰科鲁兹 LDE 发动机的气缸体或发动机台架。				

资讯

一、填空题

1）气缸体内引导活塞作往复运动的圆筒称为______，气缸一般有__________和__________两种。

2）整体式气缸是指____。

3）镶套式气缸是指____。

4）镶套式气缸又有________气缸套和________气缸套之分。

5）气缸磨损直接造成__________下降，使发动机的____________________变差。

6）从气缸的纵断面看，活塞环行程内的磨损一般是__________的不规则__________或锥体。

7）从气缸的横断面看，磨损会使气缸失去原来的正圆，俗称气缸________。

8）气缸磨损主要是由__________、__________和__________等造成的。

9）气缸正常的磨损规律是____。

10）游标卡尺作为一种被广泛使用的高精度测量工具，由______和附在尺身上能滑动的______两部分构成。

11）按游标的分度值来分，游标卡尺有______、______、______三种。

12）指示表表盘刻度为 100 格，指针在圆表盘上转动一格为______ mm。

13）______、______、______三个截面圆度误差的________________即为该气缸圆度误差。

14）气缸圆柱度误差用被测气缸的______、______、______三个截面所测的所有数据中________________和________________差值的一半来表示。

15）气缸的磨损在圆周方向呈不规则的__________，其长轴在____________。

16）气缸镗削最理想的基准面是____________。

（续）

资讯

17）确定气缸圆度超限的依据是________________。

18）湿式气缸套压入后，气缸套上平面应________气缸上平面。

19）同一台发动机必须选用同一厂牌活塞主要是保证____________________。

20）气缸横向磨损大的主要原因是____________________。

二、根据下列图例，按要求填写相关信息

1）结合图例，填写气缸套的类型及特点。

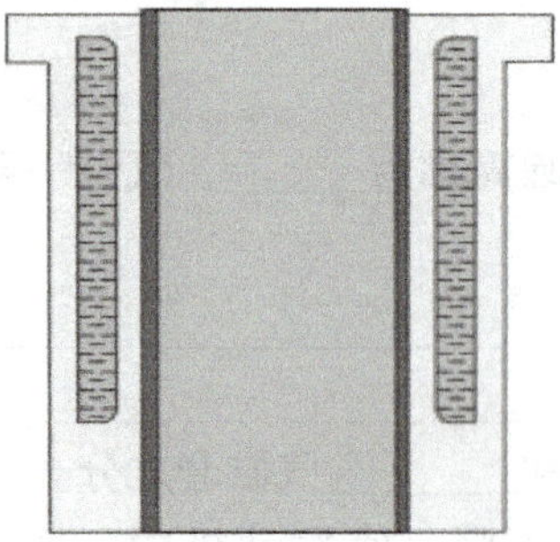

名称：________________
特点：________________

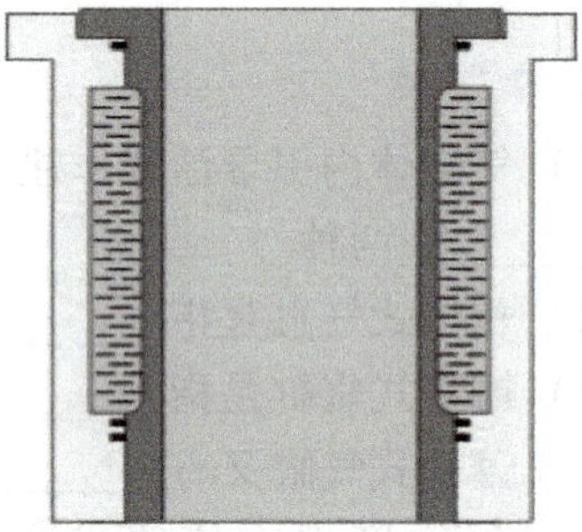

名称：________________
特点：________________

2）填写外径千分尺、游标卡尺所对应的读数。

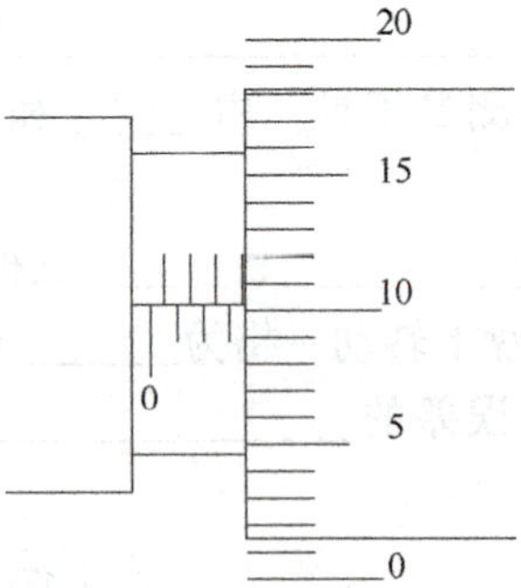

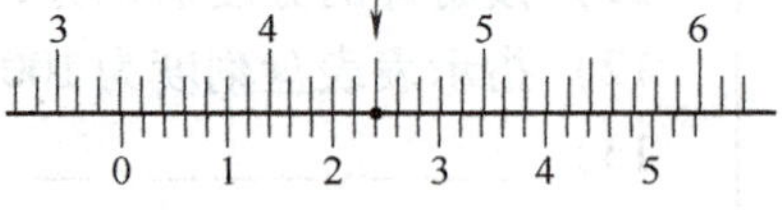

外径千分尺读数：______________　　游标卡尺读数：______________

（续）

<table>
<tr><td rowspan="13">计划与决策</td><td rowspan="9">实施计划</td><td colspan="5">检测与诊断步骤</td><td colspan="2">仪器与工具、量具</td></tr>
<tr><td colspan="5">1.</td><td colspan="2"></td></tr>
<tr><td colspan="5">2.</td><td colspan="2"></td></tr>
<tr><td colspan="5">3.</td><td colspan="2"></td></tr>
<tr><td colspan="5">4.</td><td colspan="2"></td></tr>
<tr><td colspan="5">5.</td><td colspan="2"></td></tr>
<tr><td colspan="5">6.</td><td colspan="2"></td></tr>
<tr><td colspan="5">7.</td><td colspan="2"></td></tr>
<tr><td colspan="5">8.</td><td colspan="2"></td></tr>
<tr><td rowspan="2">任务分工</td><td>职责</td><td>组长/记录</td><td>主操作</td><td>辅操作</td><td>仪器管理</td><td>安全 6S</td><td>质检</td></tr>
<tr><td>姓名</td><td></td><td></td><td></td><td></td><td></td><td></td></tr>
<tr><td rowspan="2">注意事项</td><td colspan="7"></td></tr>
<tr><td colspan="7"></td></tr>
<tr><td>实施</td><td colspan="8">一、发动机基本检查
1. 登记发动机基本信息 ｜ 发动机型号：
2. 发动机油、电、水检查 ｜ □ 正常　□ 不正常
二、气缸检查
1. 简述气缸磨损的检查步骤</td></tr>
</table>

（续）

实施

2. 气缸外观目视检查

项　　目	检 查 结 果
有无裂纹	□ 正常　　□ 不正常
有无破损	□ 正常　　□ 不正常
有无烧蚀	□ 正常　　□ 不正常
翘曲情况	□ 正常　　□ 不正常
密封情况	□ 正常　　□ 不正常
积炭黏附情况	□ 正常　　□ 不正常

维修建议：□ 更换　　□ 维修　　□ 调整

3. 气缸磨损的检测

标准尺寸：________　　　　（单位：mm）

实　测　值		第一缸	第二缸	第三缸	第四缸
上部截面	横向				
	纵向				
中部截面	横向				
	纵向				
下部截面	横向				
	纵向				
最大直径					
最小直径					
该缸的圆度误差					
该缸的圆柱度误差					

维修建议：□ 更换　　□ 维修　　□ 调整

（续）

<table>
<tr><td>实施</td><td colspan="2">三、气缸磨损有什么后果？

四、为何气缸上、中、下三处的磨损量不一致，有何特点？

五、诊断结论
维修建议：□ 更换　□ 维修　□ 调整</td></tr>
<tr><td rowspan="3">检查与评估</td><td>检查监督</td><td>□ 6S 管理　□ 分工合理　□ 过程完整　□ 操作规范
□ 数据正确　□ 现场恢复　□ 其他异常情况：________</td></tr>
<tr><td>过程考核</td><td>
<table>
<tr><th colspan="2">考评项目</th><th>组长考核</th><th>教师考核</th><th>备注</th></tr>
<tr><td rowspan="2">素质考评（10分）</td><td>劳动纪律（5分）</td><td></td><td></td><td></td></tr>
<tr><td>安全文明生产（5分）</td><td></td><td></td><td></td></tr>
<tr><td colspan="2">工单考评（40分）</td><td></td><td></td><td></td></tr>
<tr><td rowspan="4">实操考评（50分）</td><td>工具使用（5分）</td><td></td><td></td><td></td></tr>
<tr><td>任务方案（10分）</td><td></td><td></td><td></td></tr>
<tr><td>实施过程（30分）</td><td></td><td></td><td></td></tr>
<tr><td>完成情况（5分）</td><td></td><td></td><td></td></tr>
<tr><td colspan="2">合计（100分）</td><td></td><td></td><td></td></tr>
<tr><td colspan="2">个人最终成绩</td><td colspan="2"></td><td></td></tr>
</table>
</td></tr>
<tr><td>实训小结</td><td></td></tr>
</table>

任务 3.3　活塞环的检修

姓名		学生组号		班级	
实训场地		课时		日期	
任务目标	掌握相关理论知识，制订工作计划，完成对活塞环的检修。				
任务描述	4S 店来了一批新员工，技术经理委托你对新员工进行入职培训，按照培训计划安排，本次的培训任务为对雪佛兰科鲁兹轿车的活塞环进行检修。				
实训设备	雪佛兰科鲁兹 LDE 发动机的活塞、活塞环、气缸体或发动机台架。				

资讯

一、填空题

1）活塞连杆组主要由______、__________、__________和______等运动件组成。

2）活塞环一般是由__________材料制造的，分为__________和__________两大类。

3）气环的主要作用是____。

4）气环开口的作用是________________，一般有直角开口、__________、__________等。

5）气环断面形状很多，常见的有______环、______环、______环、______环和______环。

6）油环的作用是__________和__________，下行______，上行______。

7）油环根据结构可分为__________和__________。

8）活塞环在气缸内应有一定的间隙，此间隙共有三种，即______、______和______。

9）发动机大多采用__________油环，由________________和衬簧组成。

10）柴油机压缩比高，一般有______道环槽，上部______道安装气环，下部安装油环。

11）汽油机一般有______道环槽，其中有______道气环槽和______道油环槽。

12）活塞环端隙是指____。

13）活塞环侧隙是指____。

14）活塞环背隙是指____。

（续）

资讯	15）侧隙过大将影响活塞环的__________，过小则可能____________________，造成__________。 16）端隙和侧隙有一个超过磨损极限时，就需要__________。 17）若端隙大于规定值，则应____；若端隙小于规定值，应用__________________________。 18）若侧隙大于规定值，则应____________________；若侧隙较小，可用____________________。 19）活塞环安装时要遵循________________的顺序，先安装______，然后装第______道气环，最后装第______道气环。 20）装好活塞环后，将机油注入环槽内，用手转动各环，应________________。
	二、根据下列图例，按要求填写相关信息 1）填写图中各部位名称。 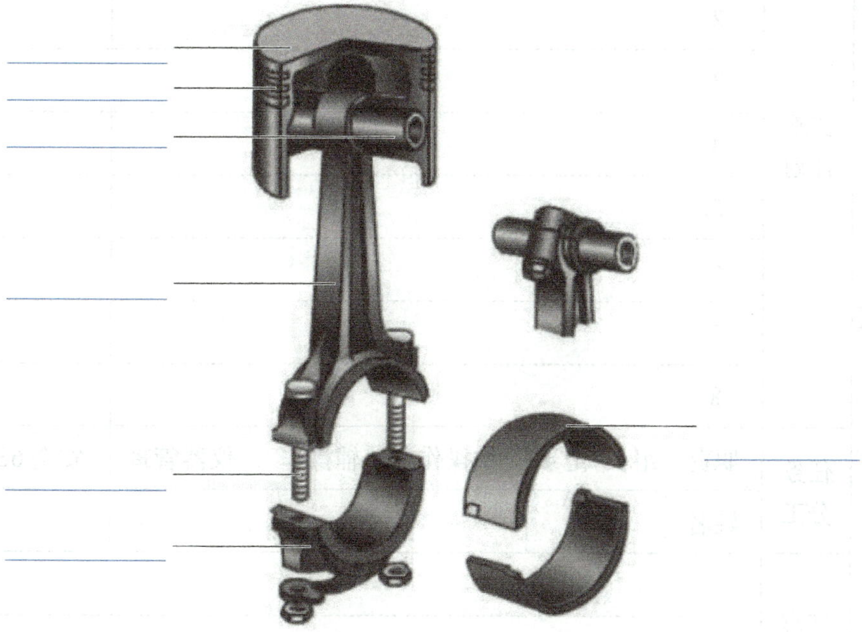

（续）

<table>
<tr><td rowspan="1">资讯</td><td colspan="8">2）根据下列图形，填写活塞环断面的类型。
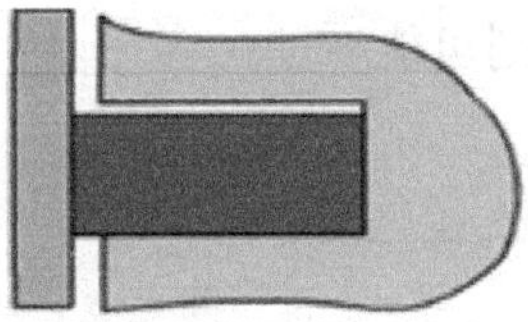 名称：________ 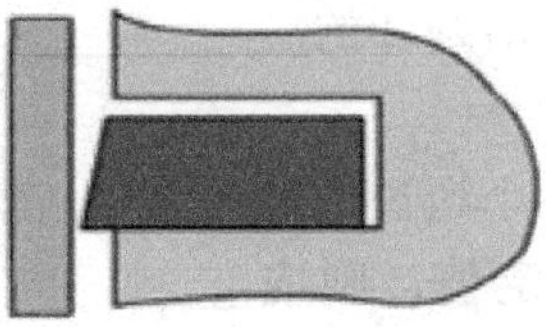 名称：________ 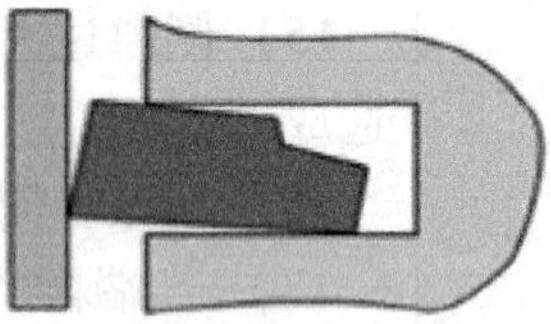 名称：________
 名称：________ 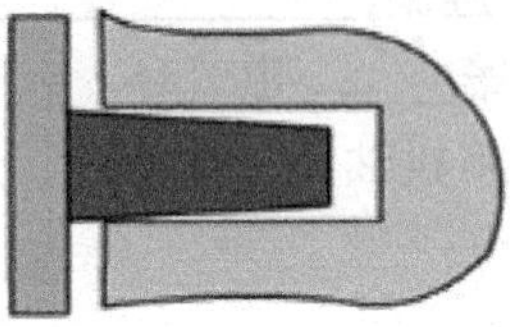 名称：________ 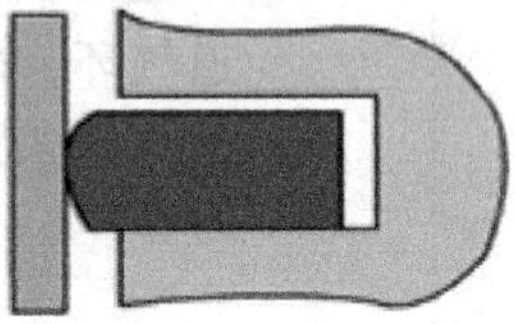 名称：________</td></tr>
<tr><td rowspan="13">计划与决策</td><td rowspan="9">实施计划</td><td colspan="5">检测与诊断步骤</td><td colspan="2">仪器与工具、量具</td></tr>
<tr><td colspan="5">1.</td><td colspan="2"></td></tr>
<tr><td colspan="5">2.</td><td colspan="2"></td></tr>
<tr><td colspan="5">3.</td><td colspan="2"></td></tr>
<tr><td colspan="5">4.</td><td colspan="2"></td></tr>
<tr><td colspan="5">5.</td><td colspan="2"></td></tr>
<tr><td colspan="5">6.</td><td colspan="2"></td></tr>
<tr><td colspan="5">7.</td><td colspan="2"></td></tr>
<tr><td colspan="5">8.</td><td colspan="2"></td></tr>
<tr><td rowspan="2">任务分工</td><td>职责</td><td>组长/记录</td><td>主操作</td><td>辅操作</td><td>仪器管理</td><td>安全6S</td><td>质检</td></tr>
<tr><td>姓名</td><td></td><td></td><td></td><td></td><td></td><td></td></tr>
<tr><td rowspan="2">注意事项</td><td colspan="7"></td></tr>
<tr><td colspan="7"></td></tr>
</table>

（续）

实施

一、发动机基本检查

1. 登记发动机基本信息	发动机型号：
2. 发动机油、电、水检查	□ 正常　□ 不正常

二、活塞环的检查

1. 活塞环外观目视检查

项　目	检查结果			
	气环		油环	
有无裂纹	□ 正常	□ 不正常	□ 正常	□ 不正常
有无破损	□ 正常	□ 不正常	□ 正常	□ 不正常
有无烧蚀	□ 正常	□ 不正常	□ 正常	□ 不正常
有无积炭黏附	□ 正常	□ 不正常	□ 正常	□ 不正常
间隙情况	□ 正常	□ 不正常	□ 正常	□ 不正常
活动情况	□ 正常	□ 不正常	□ 正常	□ 不正常

维修建议：□ 更换　□ 维修　□ 调整

2. 活塞环间隙的检测

（单位：mm）

项　目		端隙	侧隙	背隙
第（　）缸	矩形环			
	锥形环			
	油环			
结果判断				

维修建议：□ 更换　□ 维修　□ 调整

三、活塞环间隙异常有什么后果？

（续）

实施		四、安装活塞环时有哪些注意事项？ 五、诊断结论 维修建议：□ 更换 □ 维修 □ 调整
检查与评估	检查监督	□ 6S 管理 □ 分工合理 □ 过程完整 □ 操作规范 □ 数据正确 □ 现场恢复 □ 其他异常情况：________
	过程考核	（见下表）
	实训小结	

过程考核：

考评项目		组长考核	教师考核	备注
素质考评（10 分）	劳动纪律（5 分）			
	安全文明生产（5 分）			
工单考评（40 分）				
实操考评（50 分）	工具使用（5 分）			
	任务方案（10 分）			
	实施过程（30 分）			
	完成情况（5 分）			
合计（100 分）				
个人最终成绩				

任务 3.4　活塞及活塞销的检修

姓名		学生组号		班级	
实训场地		课时		日期	
任务目标	掌握相关理论知识，制订工作计划，完成对活塞、活塞销的检修。				
任务描述	4S 店来了一批新员工，技术经理委托你对新员工进行入职培训，按照培训计划安排，本次的培训任务为对雪佛兰科鲁兹轿车的活塞及活塞销进行检修。				
实训设备	雪佛兰科鲁兹 LDE 发动机的活塞、活塞销或发动机台架。				

资讯

一、填空题

1）活塞的功用是________________________，并通过活塞销传给________以驱使曲轴旋转。

2）活塞可分为__________、__________和__________三个部分。

3）活塞顶部是__________的组成部分，主要用来________________。其按形状可分为三大类，即__________活塞、__________活塞和__________活塞。

4）平顶活塞的结构特点是____。

5）活塞头部是指____。

6）活塞头部主要作用是____。

7）活塞裙部是指____。

8）活塞裙部对活塞在气缸内的往复运动起__________作用，并承受__________，防止__________。

9）活塞裙部共开__________和__________两个槽。其中__________称绝热槽，可减少活塞头部向裙部的传热，使裙部膨胀量减小；__________称膨胀槽，使裙部具有弹性，这样冷态下的间隙可减小，热态下又因纵槽的补偿作用使活塞不致卡死在气缸中。

10）活塞工作时，由于受到__________、__________和__________的影响，活塞会产生变形。

11）活塞销的作用是________________，并把活塞承受的__________传给连杆。

12）活塞销与活塞销座孔及连杆小头的连接配合方式一般有__________和__________两种。

13）全浮式是指____。

14）半浮式是指____。

15）活塞间隙是指____。

16）若活塞间隙超过标准，在发动机大修时应更换____________。

（续）

17）选配的成套活塞的__________和__________应符合要求。

18）在温度为__________的条件下，活塞销不经润滑靠自重应能徐徐下移至连杆衬套中。如不能满足上述要求，应另选活塞销或铰削连杆衬套。

19）发动机大修时一般要更换活塞销，应选配__________的活塞销。

20）活塞销的选配原则是____。

资讯

二、根据下列图例，按要求填写相关信息

1）填写活塞各部位名称。

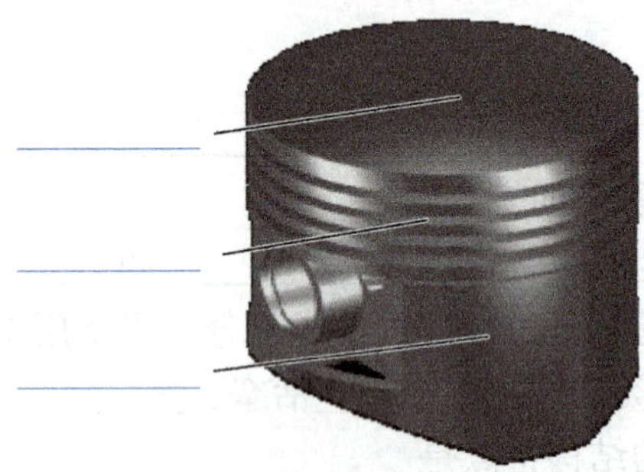

2）根据下列三个示意图，写出活塞顶部的结构形式及特点。

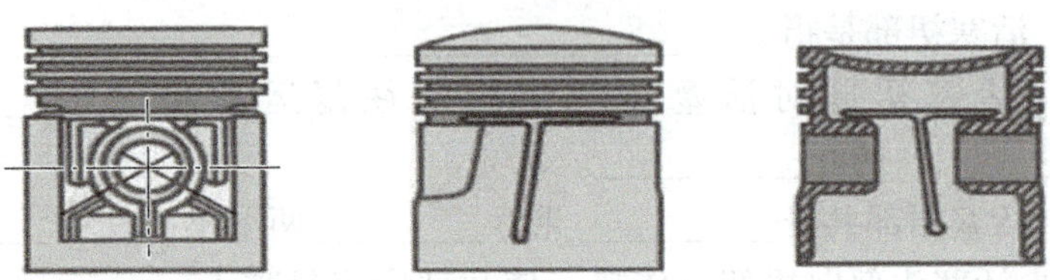

①　　　　②　　　　③

① 名称：____________________

结构特点：____

② 名称：____________________

结构特点：____

③ 名称：____________________

结构特点：____

3）判断下列两图分别属于哪一种活塞销与活塞销座孔及连杆小头的连接配合方式，并说明其结构特点。

（续）

<table>
<tr><td>资讯</td><td colspan="8">
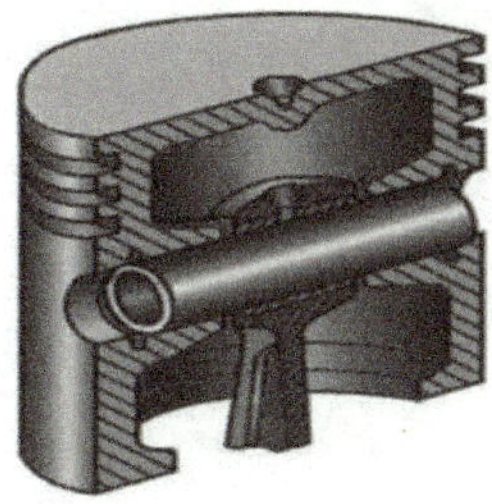
①
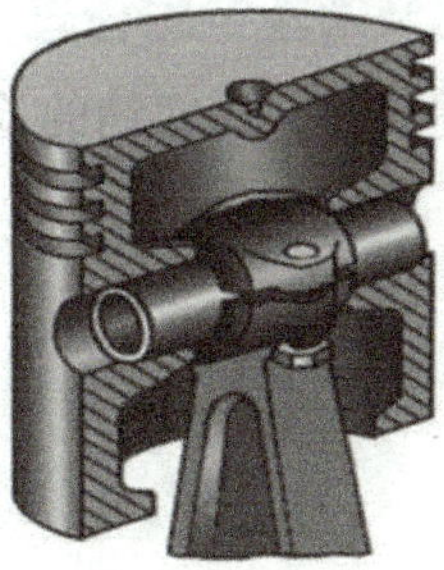
②
① 名称：________
结构特点：________
② 名称：________
结构特点：________
</td></tr>
<tr><td rowspan="12">计划与决策</td><td rowspan="9">实施计划</td><td colspan="6">检测与诊断步骤</td><td>仪器与工具、量具</td></tr>
<tr><td colspan="6">1.</td><td></td></tr>
<tr><td colspan="6">2.</td><td></td></tr>
<tr><td colspan="6">3.</td><td></td></tr>
<tr><td colspan="6">4.</td><td></td></tr>
<tr><td colspan="6">5.</td><td></td></tr>
<tr><td colspan="6">6.</td><td></td></tr>
<tr><td colspan="6">7.</td><td></td></tr>
<tr><td colspan="6">8.</td><td></td></tr>
<tr><td rowspan="2">任务分工</td><td>职责</td><td>组长/记录</td><td>主操作</td><td>辅操作</td><td>仪器管理</td><td>安全6S</td><td>质检</td></tr>
<tr><td>姓名</td><td></td><td></td><td></td><td></td><td></td><td></td></tr>
<tr><td>注意事项</td><td colspan="7"></td></tr>
<tr><td>实施</td><td colspan="8">
一、发动机基本检查
<table>
<tr><td>1. 登记发动机基本信息</td><td>发动机型号：</td></tr>
<tr><td>2. 发动机油、电、水检查</td><td>□ 正常　□ 不正常</td></tr>
</table>
</td></tr>
</table>

（续）

实施

二、活塞及活塞销的检查

1. 简述活塞、活塞销的检查步骤

2. 活塞及活塞销外观检查

项　　目	检查结果			
	活塞		活塞销	
有无裂纹	□ 正常	□ 不正常	□ 正常	□ 不正常
有无破损	□ 正常	□ 不正常	□ 正常	□ 不正常
有无烧蚀	□ 正常	□ 不正常	□ 正常	□ 不正常
环槽有无积炭	□ 正常	□ 不正常	□ 正常	□ 不正常
活塞销座孔有无磨损	□ 正常	□ 不正常	□ 正常	□ 不正常

维修建议：□ 更换　　□ 维修　　□ 调整

3. 活塞的检测

项　　目	第一缸	第二缸	第三缸	第四缸
活塞直径				
活塞间隙				
结果判断				

维修建议：□ 更换　　□ 维修　　□ 调整

（续）

实施

4. 活塞销的检测

（单位：mm）

实　测　值		第一缸	第二缸	第三缸	第四缸
上部截面	横向				
	纵向				
中部截面	横向				
	纵向				
下部截面	横向				
	纵向				
圆度误差					
圆柱度误差					

维修建议：□ 更换　□ 维修　□ 调整

三、活塞及活塞销异常有什么后果?

四、拆装活塞及活塞销时有哪些注意事项?

五、诊断结论

维修建议：□ 更换　□ 维修　□ 调整

（续）

<table>
<tr><td rowspan="3">检查与评估</td><td>检查监督</td><td>□ 6S 管理　□ 分工合理　□ 过程完整　□ 操作规范
□ 数据正确　□ 现场恢复　□ 其他异常情况：________</td></tr>
<tr><td>过程考核</td><td>
<table>
<tr><td colspan="2">考 评 项 目</td><td>组长考核</td><td>教师考核</td><td>备注</td></tr>
<tr><td rowspan="2">素质考评（10 分）</td><td>劳动纪律（5 分）</td><td></td><td></td><td></td></tr>
<tr><td>安全文明生产（5 分）</td><td></td><td></td><td></td></tr>
<tr><td colspan="2">工单考评（40 分）</td><td></td><td></td><td></td></tr>
<tr><td rowspan="4">实操考评（50 分）</td><td>工具使用（5 分）</td><td></td><td></td><td></td></tr>
<tr><td>任务方案（10 分）</td><td></td><td></td><td></td></tr>
<tr><td>实施过程（30 分）</td><td></td><td></td><td></td></tr>
<tr><td>完成情况（5 分）</td><td></td><td></td><td></td></tr>
<tr><td colspan="2">合计（100 分）</td><td></td><td></td><td></td></tr>
<tr><td colspan="2">个人最终成绩</td><td colspan="2"></td><td></td></tr>
</table>
</td></tr>
<tr><td>实训小结</td><td></td></tr>
</table>

任务3.5　连杆的检验与校正

<table>
<tr><td>姓名</td><td></td><td>学生组号</td><td></td><td>班级</td><td></td></tr>
<tr><td>实训场地</td><td></td><td>课时</td><td></td><td>日期</td><td></td></tr>
<tr><td>任务目标</td><td colspan="5">掌握相关理论知识，制订工作计划，完成对连杆的检验与校正。</td></tr>
<tr><td>任务描述</td><td colspan="5">4S店来了一批新员工，技术经理委托你对新员工进行入职培训，按照培训计划安排，本次的培训任务为对雪佛兰科鲁兹轿车的连杆进行检验与校正。</td></tr>
<tr><td>实训设备</td><td colspan="5">雪佛兰科鲁兹LDE发动机的连杆或发动机台架。</td></tr>
<tr><td>资讯</td><td colspan="5">一、填空题
1）连杆主要由______、______、______、______、______和______等组成。
2）连杆小头通过______与______相连，连杆大头与________________相连。
3）连杆将活塞承受的______传给曲轴，使活塞的______运动转变成曲轴的______运动。
4）连杆杆身呈______字形断面。
5）连杆大头的连接形式主要有______和______两种。
6）连杆大头与连杆轴承盖必须进行定位，平切口用______定位，斜切口的定位方式有______定位、______定位、______定位、______定位。
7）V型发动机左右两缸的连杆装在同一个连杆轴颈上，其结构随安装布置形式的不同分为__________、__________和__________三种。
8）连杆在工作中，由于受力较大，容易产生杆身的______、______或______并存等变形。
9）如果活塞组与气缸间漏气和窜油，必须对连杆进行______和______。
10）连杆弯曲程度不得大于__________；连杆扭曲程度不得大于__________。
11）如发现连杆弯曲或扭曲，应使用专用工具予以__________或__________。
12）连杆扭曲的校正可将连杆夹在__________上，用____________________、__________或__________进行校正。
13）连杆校正应先校正__________，后校正__________；要避免__________。
14）连杆校正后，必须将连杆加热至__________保温__________，以消除残余应力，由此避免在工作中恢复弯曲状态。
15）拉缸的根本原因是__________与__________、活塞之间难以形成__________，因而造成__________，甚至出现__________的现象。
16）对新机和大修后的发动机，一定要先经过__________，即在保持良好润滑的条件下，按照转速由______到______、负荷从______到______的原则，认真按磨合规程操作，然后才能正常使用。</td></tr>
</table>

（续）

资讯

17）保持冷却液正常温度__________，避免发动机过热；冬季起动前应采取__________措施。

18）合理操作使用发动机，不要__________作业。

19）加强空气滤清器的维护，严防__________被吸入气缸内。

20）适时检查发动机机油油面高度，亏油应__________。

二、根据下列图例，按要求填写相关信息

1）结合下图，填写零件各部位名称。

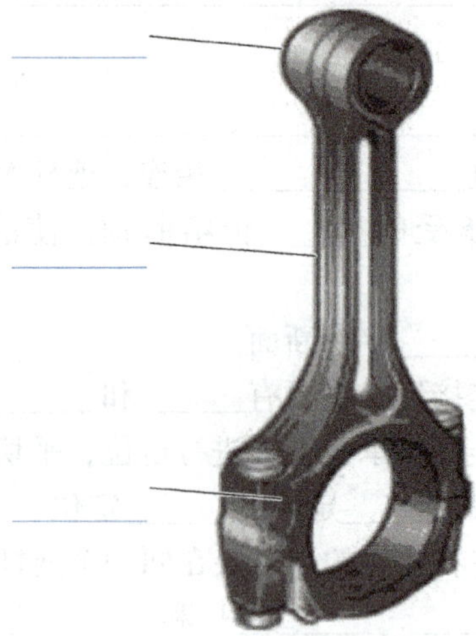

2）结合下图，填写相应连杆大头的定位方式。

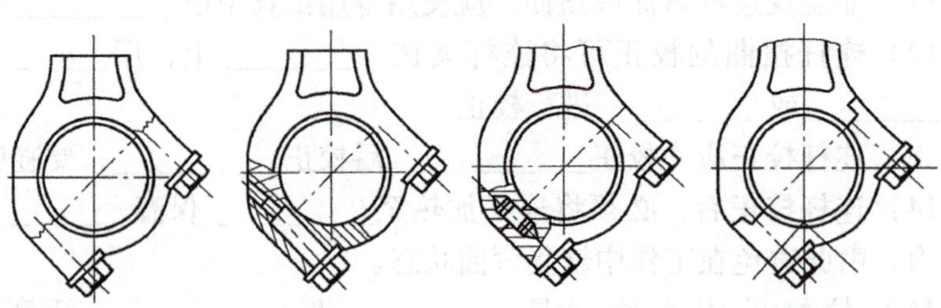

名称：________ 名称：________ 名称：________ 名称：________

（续）

<table>
<tr><td>资讯</td><td colspan="8">3）结合下图，填写 V 型发动机连杆布置形式。
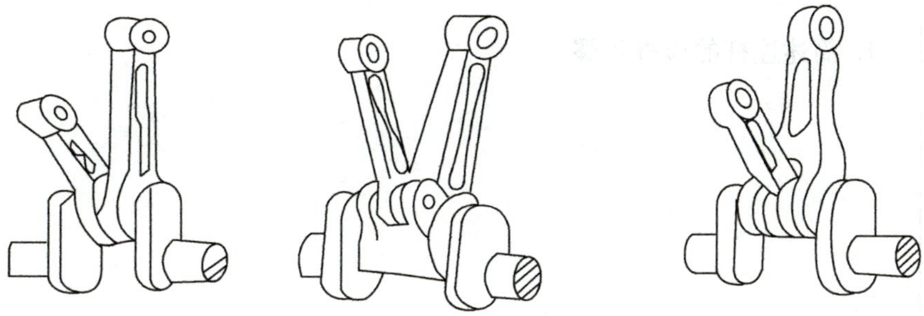
（　　）　（　　）　（　　）</td></tr>
<tr><td rowspan="12">计划与决策</td><td rowspan="9">实施计划</td><td colspan="5">检测与诊断步骤</td><td colspan="2">仪器与工具、量具</td></tr>
<tr><td colspan="5">1.</td><td colspan="2"></td></tr>
<tr><td colspan="5">2.</td><td colspan="2"></td></tr>
<tr><td colspan="5">3.</td><td colspan="2"></td></tr>
<tr><td colspan="5">4.</td><td colspan="2"></td></tr>
<tr><td colspan="5">5.</td><td colspan="2"></td></tr>
<tr><td colspan="5">6.</td><td colspan="2"></td></tr>
<tr><td colspan="5">7.</td><td colspan="2"></td></tr>
<tr><td colspan="5">8.</td><td colspan="2"></td></tr>
<tr><td rowspan="2">任务分工</td><td>职责</td><td>组长/记录</td><td>主操作</td><td>辅操作</td><td>仪器管理</td><td>安全 6S</td><td>质检</td></tr>
<tr><td>姓名</td><td></td><td></td><td></td><td></td><td></td><td></td></tr>
<tr><td>注意事项</td><td colspan="7"></td></tr>
<tr><td>实施</td><td colspan="8">一、发动机基本检查
1. 登记发动机基本信息 | 发动机型号：
2. 发动机油、电、水检查 | ☐ 正常　☐ 不正常</td></tr>
</table>

（续）

实施

二、连杆的检查

1. 简述连杆的检查步骤

2. 外观检查

项　　目	检 查 结 果
连杆有无裂纹	□ 正常　　□ 不正常
连杆有无破损	□ 正常　　□ 不正常
轴承盖有无裂纹	□ 正常　　□ 不正常
轴承盖有无破损	□ 正常　　□ 不正常
连杆大头与连杆轴承盖结合面有无损伤	□ 正常　　□ 不正常
连杆螺栓及螺母	□ 正常　　□ 不正常

维修建议：□ 更换　　□ 维修　　□ 调整

3. 连杆变形的检测

三点规爪头与检验器平板平面的接触情况	上测点	左下测点	右下测点
间隙值			
变形情况	弯曲	扭曲	弯曲和扭曲
结果判断			

维修建议：□ 更换　　□ 维修　　□ 调整

（续）

<table>
<tr><td>实施</td><td>三、连杆变形有什么后果?

四、连杆变形如何校正?

五、诊断结论
维修建议：□ 更换　□ 维修　□ 调整</td></tr>
<tr><td rowspan="3">检查与评估</td><td>检查监督：□ 6S 管理　□ 分工合理　□ 过程完整　□ 操作规范　□ 数据正确　□ 现场恢复　□ 其他异常情况：________</td></tr>
<tr><td>过程考核（见下表）</td></tr>
<tr><td>实训小结</td></tr>
</table>

过程考核：

考评项目		组长考核	教师考核	备注
素质考评（10 分）	劳动纪律（5 分）			
	安全文明生产（5 分）			
工单考评（40 分）				
实操考评（50 分）	工具使用（5 分）			
	任务方案（10 分）			
	实施过程（30 分）			
	完成情况（5 分）			
合计（100 分）				
个人最终成绩				

任务 3.6　连杆轴承的检修

<table>
<tr><td>姓名</td><td></td><td>学生组号</td><td></td><td>班级</td><td></td></tr>
<tr><td>实训场地</td><td></td><td>课时</td><td></td><td>日期</td><td></td></tr>
<tr><td>任务目标</td><td colspan="5">掌握相关理论知识，制订工作计划，完成对连杆轴承的检修。</td></tr>
<tr><td>任务描述</td><td colspan="5">4S 店来了一批新员工，技术经理委托你对新员工进行入职培训，按照培训计划安排，本次的培训任务为对雪佛兰科鲁兹轿车的连杆轴承进行检修。</td></tr>
<tr><td>实训设备</td><td colspan="5">雪佛兰科鲁兹 LDE 发动机或发动机台架。</td></tr>
<tr><td>资讯</td><td colspan="5">
一、填空题
1）连杆轴承又称__________，主要作用是________________________________。
2）工作过程中连杆轴承承受__________及__________，且低速大负荷时润滑差，可能会__________。
3）连杆轴承由________和________组成，为两半分开形式。________厚度为 1～3mm，由低碳钢制成，是轴承的基体；________是厚度为 0.3～0.7mm 的薄层，由浇注在钢背内圆上的减摩合金制成。
4）对减摩合金性能的要求是________________________________；________________________________；________________________________；________________________________。
5）用塞尺测量连杆轴承的__________，磨损极限为__________，超过磨损极限时应________________。
6）连杆轴承的径向间隙通过______________________来测量，磨损极限为________________。
7）连杆轴承选配前，应先检查________是否符合标准。要求________的圆柱度误差应不大于________。
8）选择轴承内径时，应根据____________和规定的__________选择合适的连杆轴承。
9）连杆轴承的选配包括选择________________，检测轴承的____________、____________，以及检查________________和________________等内容。
10）当轴承座孔的圆柱度超过标准时，可在轴承盖两端面______加工。
11）检查轴承钢背质量，要求____________完整，钢背____________。
12）检测轴承自由弹开量，要求轴承在自由状态下的曲率半径________座孔的曲率半径，保证轴承压入座孔后，可借轴承自身________与轴承座贴合紧密。
</td></tr>
</table>

（续）

资讯	13）检测轴承的高出量，轴承装入座孔后，上、下两半每端应高出轴承座孔平面____________。 14）轴承高出座孔，以保证轴承与________紧密贴合，提高________效果。 15）检查连杆轴承的轴向间隙时所选用的工具为：________。 16）安装连杆轴承盖螺栓时需分三遍拧紧：第一遍紧固至________N·m，第二遍紧固________°，第三遍紧固________°。 17）用塞尺测量连杆轴承的轴向间隙，磨损极限为______mm，超过磨损极限时应______连杆轴承。 18）连杆轴承常见的损伤形式有____________、____________、____________、____________、____________。 19）在检修________时，必须更换新的防松垫片或开口销。 20）进行连杆轴承间隙检查时，用手________推动连杆，应无间隙感。
	二、根据下列图例，按要求填写相关信息 1）结合下图，填写相应部位名称。 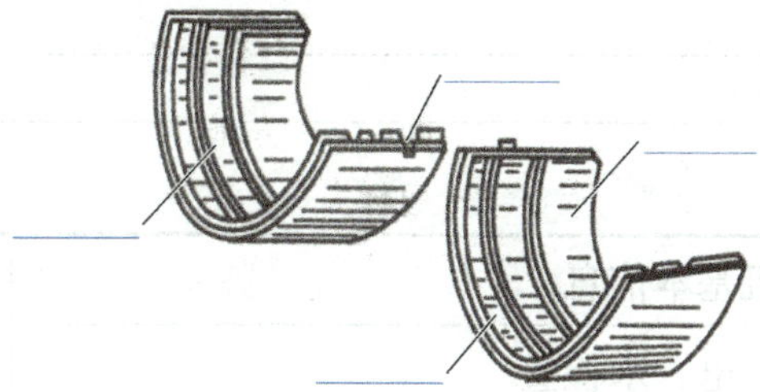 2）结合下图，填写相应零件名称。 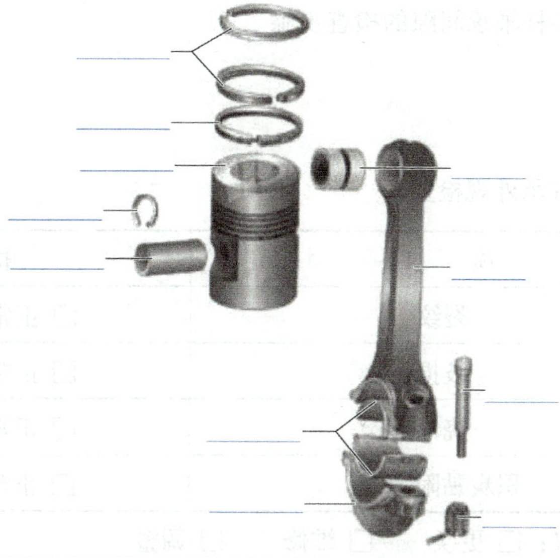

（续）

<table>
<tr><td rowspan="14">计划与决策</td><td rowspan="9">实施计划</td><td colspan="4">检测与诊断步骤</td><td colspan="2">仪器与工具、量具</td></tr>
<tr><td colspan="4">1.</td><td colspan="2"></td></tr>
<tr><td colspan="4">2.</td><td colspan="2"></td></tr>
<tr><td colspan="4">3.</td><td colspan="2"></td></tr>
<tr><td colspan="4">4.</td><td colspan="2"></td></tr>
<tr><td colspan="4">5.</td><td colspan="2"></td></tr>
<tr><td colspan="4">6.</td><td colspan="2"></td></tr>
<tr><td colspan="4">7.</td><td colspan="2"></td></tr>
<tr><td colspan="4">8.</td><td colspan="2"></td></tr>
<tr><td rowspan="2">任务分工</td><td>职责</td><td>组长/记录</td><td>主操作</td><td>辅操作</td><td>仪器管理</td><td>安全6S</td><td>质检</td></tr>
<tr><td>姓名</td><td></td><td></td><td></td><td></td><td></td><td></td></tr>
<tr><td rowspan="3">注意事项</td><td colspan="7"></td></tr>
<tr><td colspan="7"></td></tr>
<tr><td colspan="7"></td></tr>
</table>

实施

一、发动机基本检查

1. 登记发动机基本信息	发动机型号：
2. 发动机油、电、水检查	□ 正常　□ 不正常

二、连杆轴承间隙检查

1. 简述连杆轴承间隙的检查步骤

2. 连杆轴承外观检查

项　目	检查结果
裂纹	□ 正常　□ 不正常
破损	□ 正常　□ 不正常
烧蚀	□ 正常　□ 不正常
积炭黏附情况	□ 正常　□ 不正常

维修建议：□ 更换　□ 维修　□ 调整

（续）

实施	3. 连杆轴承间隙的检测

项　　目	第一缸	第二缸	第三缸	第四缸
连杆轴承轴向间隙				
连杆轴承径向间隙				
结果判断				

维修建议：□ 更换　　□ 维修　　□ 调整

三、连杆轴承在什么样的条件下工作？

四、拆装连杆轴承时有哪些注意事项？

五、诊断结论

维修建议：□ 更换　　□ 维修　　□ 调整

（续）

<table>
<tr><td rowspan="13">检查与评估</td><td>检查监督</td><td colspan="5">□ 6S 管理　□ 分工合理　□ 过程完整　□ 操作规范
□ 数据正确　□ 现场恢复　□ 其他异常情况：________</td></tr>
<tr><td rowspan="11">过程考核</td><td colspan="2">考 评 项 目</td><td>组长考核</td><td>教师考核</td><td>备注</td></tr>
<tr><td rowspan="2">素质考评（10 分）</td><td>劳动纪律（5 分）</td><td></td><td></td><td></td></tr>
<tr><td>安全文明生产（5 分）</td><td></td><td></td><td></td></tr>
<tr><td colspan="2">工单考评（40 分）</td><td></td><td></td><td></td></tr>
<tr><td rowspan="4">实操考评（50 分）</td><td>工具使用（5 分）</td><td></td><td></td><td></td></tr>
<tr><td>任务方案（10 分）</td><td></td><td></td><td></td></tr>
<tr><td>实施过程（30 分）</td><td></td><td></td><td></td></tr>
<tr><td>完成情况（5 分）</td><td></td><td></td><td></td></tr>
<tr><td colspan="2">合计（100 分）</td><td></td><td></td><td></td></tr>
<tr><td colspan="2">个人最终成绩</td><td colspan="2"></td><td></td></tr>
<tr><td colspan="5"></td></tr>
<tr><td>实训小结</td><td colspan="5"></td></tr>
</table>

任务3.7　曲轴轴颈的磨损、弯曲变形的检修

<table>
<tr><td>姓名</td><td></td><td>学生组号</td><td></td><td>班级</td><td></td></tr>
<tr><td>实训场地</td><td></td><td>课时</td><td></td><td>日期</td><td></td></tr>
<tr><td>任务目标</td><td colspan="5">掌握相关理论知识，制订工作计划，完成对曲轴轴颈磨损、弯曲变形的检修。</td></tr>
<tr><td>任务描述</td><td colspan="5">4S店来了一批新员工，技术经理委托你对新员工进行入职培训，按照培训计划安排，本次的培训任务为对雪佛兰科鲁兹轿车进行曲轴轴颈磨损、弯曲变形的检修。</td></tr>
<tr><td>实训设备</td><td colspan="5">雪佛兰科鲁兹LDE发动机的曲轴或发动机台架。</td></tr>
<tr><td>资讯</td><td colspan="5">
一、填空题
1）曲轴飞轮组由__________、__________、__________、__________、__________等组成。
2）曲轴的功用是____。
3）曲轴的基本结构包括________、________、__________、__________及__________等。
4）按曲拐连接方法的不同，曲轴分为________和________两种。
5）按曲轴主轴颈的数目，曲轴分为______________和______________。
6）一个连杆轴颈和它两端的曲柄及相邻两个主轴颈构成一个________。
7）直列发动机曲拐数________气缸数。
8）V型发动机曲拐数等于气缸数的________。
9）曲拐的布置（即曲拐的相对位置）除了与________、__________有关外，还与______________有关。
10）直列四缸四冲程发动机曲拐对称布置在同一平面内，做功间隔角为________，各缸工作顺序有________和________两种。
11）直列六缸四冲程发动机做功间隔角为________，各缸工作顺序为______________或______________，以第一种应用较为普遍。
12）V型八缸四冲程发动机做功间隔角为________。
13）曲轴轴颈磨损情况可用外径千分尺测量，根据测量的__________确定________和________误差。
14）曲轴轴颈和连杆轴颈的圆度、圆柱度误差超过标准要求时，应进行________修理。
15）曲轴的径向圆跳动误差不得大于________。
16）曲轴裂纹的检查通常采用________法。
17）检测曲轴弯曲变形应以________________为基准，检查__________的__________误差。
</td></tr>
</table>

（续）

资讯

18）检测曲轴弯曲变形时，应该选用____________________来测量。

19）曲轴弯曲变形的校正，一般采用____________或____________。

20）曲轴轴颈表面不允许有____________，对轴向裂纹，其深度如在曲轴轴颈修理尺寸以内，可通过____________，否则应予以报废。

二、根据下列图例，按要求填写相关信息

1）结合下图，填写相应零件名称。

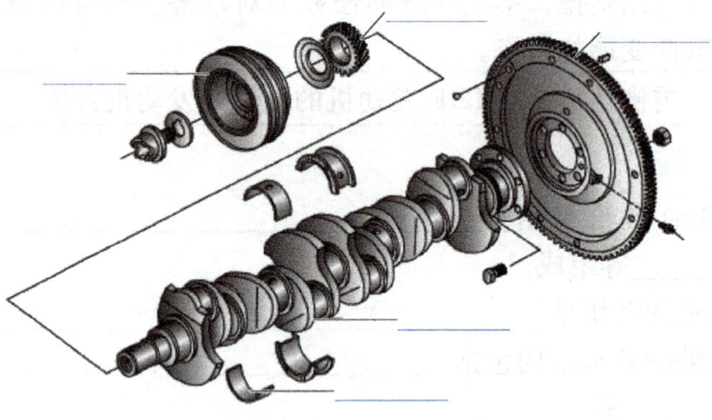

2）结合下图，写出曲轴的支撑方式。

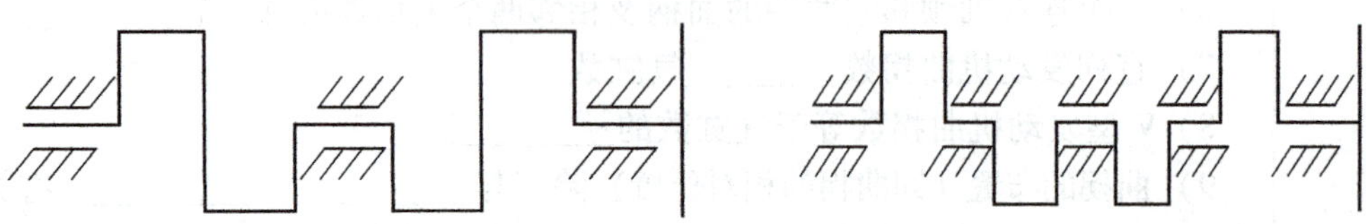

______________________________　　　______________________________

3）将发动机工作循环表补充完整。

四缸四冲程发动机工作循环表（1—3—4—2）

曲轴转角/(°)	第一缸	第二缸	第三缸	第四缸
0～180		排气		
180～360				
360～540				
540～720				

（续）

<table>
<tr><td rowspan="13">计划与决策</td><td rowspan="9">实施计划</td><td colspan="5">检测与诊断步骤</td><td colspan="2">仪器与工具、量具</td></tr>
<tr><td colspan="5">1.</td><td colspan="2"></td></tr>
<tr><td colspan="5">2.</td><td colspan="2"></td></tr>
<tr><td colspan="5">3.</td><td colspan="2"></td></tr>
<tr><td colspan="5">4.</td><td colspan="2"></td></tr>
<tr><td colspan="5">5.</td><td colspan="2"></td></tr>
<tr><td colspan="5">6.</td><td colspan="2"></td></tr>
<tr><td colspan="5">7.</td><td colspan="2"></td></tr>
<tr><td colspan="5">8.</td><td colspan="2"></td></tr>
<tr><td rowspan="2">任务分工</td><td>职责</td><td>组长/记录</td><td>主操作</td><td>辅操作</td><td>仪器管理</td><td>安全 6S</td><td>质检</td></tr>
<tr><td>姓名</td><td></td><td></td><td></td><td></td><td></td><td></td></tr>
<tr><td rowspan="2">注意事项</td><td colspan="7"></td></tr>
<tr><td colspan="7"></td></tr>
</table>

实施

一、发动机基本检查

1. 登记发动机基本信息	发动机型号：
2. 发动机油、电、水检查	□ 正常　□ 不正常

二、曲轴轴颈的检查

1. 简述曲轴轴颈磨损、弯曲变形的检查步骤

2. 曲轴轴颈的外观检查

项　目	检查结果
裂纹	□ 正常　□ 不正常
破损	□ 正常　□ 不正常
烧蚀	□ 正常　□ 不正常
积炭黏附情况	□ 正常　□ 不正常
弯曲情况	□ 正常　□ 不正常

维修建议：□ 更换　□ 维修　□ 调整

（续）

实施

3. 曲轴弯曲变形的检测

项目 测量及结果	曲轴径向圆跳动误差值
测量值/mm	
结果判断	

维修建议：☐ 更换　☐ 维修　☐ 调整

4. 曲轴轴颈磨损的检测

项目 测量结果		第一道主轴颈	第二道主轴颈	第三道主轴颈	第四道主轴颈	第五道主轴颈
截面一	最大直径/mm					
	最小直径/mm					
截面二	最大直径/mm					
	最小直径/mm					
圆度误差/mm						
圆柱度误差/mm						
结果判断						

维修建议：☐ 更换　☐ 维修　☐ 调整

三、安排发动机工作顺序时应注意什么？

四、拆装曲轴时有哪些注意事项？

五、诊断结论

维修建议：☐ 更换　☐ 维修　☐ 调整

（续）

<table>
<tr><td rowspan="13">检查与评估</td><td>检查监督</td><td colspan="5">□ 6S 管理　□ 分工合理　□ 过程完整　□ 操作规范
□ 数据正确　□ 现场恢复　□ 其他异常情况：____________</td></tr>
<tr><td rowspan="11">过程考核</td><td colspan="2">考 评 项 目</td><td>组长考核</td><td>教师考核</td><td>备注</td></tr>
<tr><td rowspan="2">素质考评（10 分）</td><td>劳动纪律（5 分）</td><td></td><td></td><td></td></tr>
<tr><td>安全文明生产（5 分）</td><td></td><td></td><td></td></tr>
<tr><td colspan="2">工单考评（40 分）</td><td></td><td></td><td></td></tr>
<tr><td rowspan="4">实操考评（50 分）</td><td>工具使用（5 分）</td><td></td><td></td><td></td></tr>
<tr><td>任务方案（10 分）</td><td></td><td></td><td></td></tr>
<tr><td>实施过程（30 分）</td><td></td><td></td><td></td></tr>
<tr><td>完成情况（5 分）</td><td></td><td></td><td></td></tr>
<tr><td colspan="2">合计（100 分）</td><td></td><td></td><td></td></tr>
<tr><td colspan="2">个人最终成绩</td><td colspan="3"></td></tr>
<tr><td>实训小结</td><td colspan="5"></td></tr>
</table>

任务 3.8　曲轴主轴承的检修

姓名		学生组号		班级	
实训场地		课时		日期	
任务目标	掌握相关理论知识，制订工作计划，完成对曲轴主轴承的检修。				
任务描述	4S 店来了一批新员工，技术经理委托你对新员工进行入职培训，按照培训计划安排，本次的培训任务为对雪佛兰科鲁兹轿车的曲轴主轴承进行检修。				
实训设备	雪佛兰科鲁兹 LDE 发动机或发动机台架。				

资讯

一、填空题

1）曲轴主轴承又称________，装于______________，将曲轴支承在__________。

2）主轴承的结构与连杆轴承相同，也是剖分为两半的____________。

3）主轴承________上通常开有机油孔和机油槽，而________没有。不可将上、下侧轴瓦装错，否则主轴承的来油通道将被堵塞。

4）曲轴止推轴承用来控制曲轴________窜动和端隙，储油槽能为止推面提供良好的________。

5）曲轴的径向间隙可用________________检查。

6）目前使用的轴承材料均为__________________材料，使用最广泛的是__________________合金和__________________合金。

7）轴承要求材料应具备高的熔点，以防止由高温引起的损坏。现代重载发动机的曲轴轴承材料应能在________℃以内的温度下长期稳定工作而不致熔化或软化。

8）曲轴必须留有合适的轴向间隙，轴向间隙过________，会使机件因受热膨胀而卡死；轴向间隙过________，曲轴工作时将产生轴向窜动，加速气缸的磨损。

9）曲轴轴向间隙的检查可采用____________或____________进行。

10）桑塔纳 2000GSi 轿车 AJR 发动机曲轴的轴向间隙为____________，轴向间隙过小或过大时，应更换不同厚度的止推垫片进行调整。

11）曲轴的径向也必须留有适当间隙，因为轴承的适当________和________取决于曲轴径向间隙的大小。

12）曲轴径向间隙________，会使阻力增大，加重磨损，使轴承划伤；曲轴径向间隙________，曲轴会上下敲击，使机油压力降低，曲轴表面过热并与轴承烧熔到一起。

13）主轴承选配的要求与____________相同。

（续）

<table>
<tr><td>资讯</td><td colspan="8">14）曲轴主轴承选配应首先校正________。
15）止推片的形式分为两种，一种是________________________，另一种是____________________。
16）用止推片可以实现曲轴的________定位，需要注意安装方向。
17）止推片一般为______片，上下各______片。
18）轴承止推面与曲轴止推面间的间隙一般为____________________。
19）安装止推片时需要将有减磨合金层的止推面朝向____________________，不能装反。
20）铜铅合金轴承主要由______、______及少量的______组成。

二、根据下列图例，按要求填写相关信息
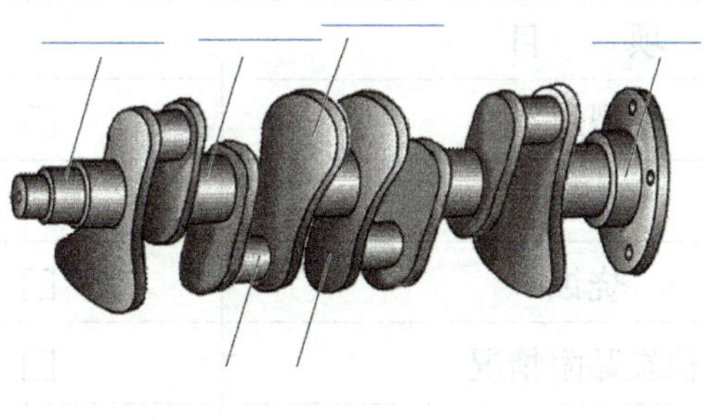</td></tr>
<tr><td rowspan="12">计划与决策</td><td rowspan="9">实施计划</td><td colspan="5">检测与诊断步骤</td><td colspan="2">仪器与工具、量具</td></tr>
<tr><td colspan="5">1.</td><td colspan="2"></td></tr>
<tr><td colspan="5">2.</td><td colspan="2"></td></tr>
<tr><td colspan="5">3.</td><td colspan="2"></td></tr>
<tr><td colspan="5">4.</td><td colspan="2"></td></tr>
<tr><td colspan="5">5.</td><td colspan="2"></td></tr>
<tr><td colspan="5">6.</td><td colspan="2"></td></tr>
<tr><td colspan="5">7.</td><td colspan="2"></td></tr>
<tr><td colspan="5">8.</td><td colspan="2"></td></tr>
<tr><td rowspan="2">任务分工</td><td>职责</td><td>组长/记录</td><td>主操作</td><td>辅操作</td><td>仪器管理</td><td>安全6S</td><td>质检</td></tr>
<tr><td>姓名</td><td></td><td></td><td></td><td></td><td></td><td></td></tr>
<tr><td>注意事项</td><td colspan="7"></td></tr>
</table>

（续）

实施

一、发动机基本检查

1. 登记发动机基本信息	发动机型号：
2. 发动机油、电、水检查	□ 正常　□ 不正常

二、曲轴间隙检查

1. 简述曲轴间隙的检查步骤

2. 曲轴外观检查

项　目	检查结果
裂纹	□ 正常　□ 不正常
破损	□ 正常　□ 不正常
烧蚀	□ 正常　□ 不正常
积炭黏附情况	□ 正常　□ 不正常
弯曲情况	□ 正常　□ 不正常

维修建议：□ 更换　□ 维修　□ 调整

3. 曲轴轴向间隙的检测

项目 / 测量及结果	轴向间隙
测量值/mm	
结果判断	

维修建议：□ 更换　□ 维修　□ 调整

4. 曲轴径向间隙的检测

项目	第一道主轴承	第二道主轴承	第三道主轴承	第四道主轴承	第五道主轴承
径向间隙					
结果判断					

维修建议：□ 更换　□ 维修　□ 调整

（续）

<table>
<tr><td rowspan="1">实施</td><td colspan="2">三、曲轴主轴承对材料有什么要求？

四、拆装曲轴主轴承时有哪些注意事项？

五、诊断结论
维修建议：□ 更换 □ 维修 □ 调整</td></tr>
<tr><td rowspan="3">检查与评估</td><td>检查监督</td><td>□ 6S 管理 □ 分工合理 □ 过程完整 □ 操作规范
□ 数据正确 □ 现场恢复 □ 其他异常情况：________</td></tr>
<tr><td>过程考核</td><td>
<table>
<tr><td colspan="2">考 评 项 目</td><td>组长考核</td><td>教师考核</td><td>备注</td></tr>
<tr><td rowspan="2">素质考评（10 分）</td><td>劳动纪律（5 分）</td><td></td><td></td><td></td></tr>
<tr><td>安全文明生产（5 分）</td><td></td><td></td><td></td></tr>
<tr><td colspan="2">工单考评（40 分）</td><td></td><td></td><td></td></tr>
<tr><td rowspan="4">实操考评（50 分）</td><td>工具使用（5 分）</td><td></td><td></td><td></td></tr>
<tr><td>任务方案（10 分）</td><td></td><td></td><td></td></tr>
<tr><td>实施过程（30 分）</td><td></td><td></td><td></td></tr>
<tr><td>完成情况（5 分）</td><td></td><td></td><td></td></tr>
<tr><td colspan="2">合计（100 分）</td><td></td><td></td><td></td></tr>
<tr><td colspan="2">个人最终成绩</td><td colspan="2"></td><td></td></tr>
</table>
</td></tr>
<tr><td>实训小结</td><td></td></tr>
</table>

项目 4　配气机构的检测与维修

任务 4.1　正时传动装置的检修

姓名		学生组号		班级	
实训场地		课时		日期	
任务目标	掌握相关理论知识，制订工作计划，完成对正时传动装置的检修。				
任务描述	4S 店来了一批新员工，技术经理委托你对新员工进行入职培训，按照培训计划安排，本次的培训任务为对雪佛兰科鲁兹轿车的正时传动装置进行检修。				
实训设备	雪佛兰科鲁兹 LDE 发动机或发动机台架。				

资讯

一、填空题

1）配气机构的作用是＿＿＿＿＿＿＿＿＿＿＿＿＿＿＿＿＿＿＿＿。

2）发动机配气机构基本可分成＿＿＿＿组和＿＿＿＿组。

3）气门组用来封闭进、排气道，主要零件包括＿＿＿＿、＿＿＿＿、＿＿＿＿、＿＿＿＿等。

4）气门传动组的主要作用是＿＿＿＿＿＿＿＿＿＿＿＿＿＿＿＿＿＿＿＿。

5）气门传动组的主要零件包括＿＿＿＿、＿＿＿＿、＿＿＿＿、＿＿＿＿、＿＿＿＿和＿＿＿＿等。

6）配气机构正时传动装置的类型有＿＿＿＿、＿＿＿＿和＿＿＿＿传动。

7）正时齿轮传动的主要特点是＿＿＿＿＿＿＿＿＿＿＿＿＿＿＿＿＿＿＿＿。

8）链传动的传动路线是＿＿＿＿＿＿＿＿＿＿＿＿＿＿＿＿＿＿＿＿。

9）同步带传动主要用于凸轮轴＿＿＿＿式配气机构。

10）正时同步带属于＿＿＿＿部件，随着使用时间的增加，正时同步带及其附件会发生一定磨损或老化。

11）正时同步带断裂时会导致＿＿。

（续）

资讯

12）正时同步带的更换周期一般为__________，更换时一般都和__________同时更换。

13）正时同步带张紧度的检查方法是____。

14）目视检查正时同步带是否出现________、________、________、________、________、________等损伤形式，如出现应更换正时同步带和张紧器。

15）正时链条长度的检查方法为用弹簧秤对链条施加拉力，在拉力为________N时，若测量的链条长度________极限值，应更换链条。

16）将链条套在正时链轮上，用手指捏紧链条后，再用游标卡尺测量其直径，________允许值时，应更换链条和链轮。

17）同步带传动噪声要________链传动噪声。

18）根据发动机转速的不同，配气机构的摩擦功率大约占发动机总摩擦功率的________。

19）正时同步带的使用寿命要________链条的使用寿命。

20）从强度上来说，链传动的刚度较高，产生____________，使配气机构的载荷____________。

二、根据下列图例，按要求填写相关信息

名称：________________

应用：________________

名称：________________

应用：________________

（续）

<table>
<tr><td rowspan="14">计划
与决策</td><td rowspan="9">实施
计划</td><td colspan="6">检测与诊断步骤</td><td colspan="2">仪器与工具、量具</td></tr>
<tr><td colspan="6">1.</td><td colspan="2"></td></tr>
<tr><td colspan="6">2.</td><td colspan="2"></td></tr>
<tr><td colspan="6">3.</td><td colspan="2"></td></tr>
<tr><td colspan="6">4.</td><td colspan="2"></td></tr>
<tr><td colspan="6">5.</td><td colspan="2"></td></tr>
<tr><td colspan="6">6.</td><td colspan="2"></td></tr>
<tr><td colspan="6">7.</td><td colspan="2"></td></tr>
<tr><td colspan="6">8.</td><td colspan="2"></td></tr>
<tr><td rowspan="2">任务
分工</td><td>职责</td><td>组长/记录</td><td>主操作</td><td>辅操作</td><td>仪器管理</td><td colspan="2">安全6S</td><td>质检</td></tr>
<tr><td>姓名</td><td></td><td></td><td></td><td></td><td colspan="2"></td><td></td></tr>
<tr><td rowspan="3">注意
事项</td><td colspan="8"></td></tr>
<tr><td colspan="8"></td></tr>
<tr><td colspan="8"></td></tr>
</table>

实施

一、发动机基本检查

1. 登记发动机基本信息	发动机型号：
2. 发动机油、电、水检查	□ 正常　　□ 不正常

二、正时同步带检查

1. 简述正时同步带的检查步骤

（续）

实施

2. 正时同步带外观检查

项　　目	检 查 结 果
断齿	□ 正常　　□ 不正常
齿面磨损	□ 正常　　□ 不正常
芯线外露	□ 正常　　□ 不正常
裂纹	□ 正常　　□ 不正常
脱胶	□ 正常　　□ 不正常
胶面受伤	□ 正常　　□ 不正常

维修建议：□ 更换　　□ 维修　　□ 调整

3. 简述张紧度的检查结果

三、正时同步带调整不当有什么后果？

四、拆装正时同步带时有哪些注意事项？

五、诊断结论

维修建议：□ 更换　　□ 维修　　□ 调整

（续）

<table>
<tr><td rowspan="3">检查与评估</td><td>检查监督</td><td>□ 6S 管理　□ 分工合理　□ 过程完整　□ 操作规范
□ 数据正确　□ 现场恢复　□ 其他异常情况：______</td></tr>
<tr><td>过程考核</td><td>
<table>
<tr><td colspan="2">考 评 项 目</td><td>组长考核</td><td>教师考核</td><td>备注</td></tr>
<tr><td rowspan="2">素质考评（10 分）</td><td>劳动纪律（5 分）</td><td></td><td></td><td></td></tr>
<tr><td>安全文明生产（5 分）</td><td></td><td></td><td></td></tr>
<tr><td colspan="2">工单考评（40 分）</td><td></td><td></td><td></td></tr>
<tr><td rowspan="4">实操考评（50 分）</td><td>工具使用（5 分）</td><td></td><td></td><td></td></tr>
<tr><td>任务方案（10 分）</td><td></td><td></td><td></td></tr>
<tr><td>实施过程（30 分）</td><td></td><td></td><td></td></tr>
<tr><td>完成情况（5 分）</td><td></td><td></td><td></td></tr>
<tr><td colspan="2">合计（100 分）</td><td></td><td></td><td></td></tr>
<tr><td colspan="2">个人最终成绩</td><td colspan="2"></td><td></td></tr>
</table>
</td></tr>
<tr><td>实训小结</td><td></td></tr>
</table>

任务 4.2　气门组件的检修

姓名		学生组号		班级	
实训场地		课时		日期	
任务目标	掌握相关理论知识，制订工作计划，完成对气门组件的检修。				
任务描述	4S 店来了一批新员工，技术经理委托你对新员工进行入职培训，按照培训计划安排，本次的培训任务为对雪佛兰科鲁兹轿车的气门组件进行检修。				
实训设备	雪佛兰科鲁兹 LDE 发动机的气门组相关部件或发动机台架。				

资讯

一、填空题

1）气门组的作用是______________________________。

2）气门组一般由__________、______________、______________、______________、______________、______________等组成。

3）气门由______________和______________两部分组成，气门头部的作用是____________________，气门杆部的作用是____________________。

4）气门头部主要有______________、______________和______________三种形式。

5）平顶气门的特点是______________________________。

6）凸顶气门适用于____________，因为其____________，______________，________________效果好。

7）凹顶气门头部与杆部的过渡部分呈__________，可以减小______________，但其顶部______________，故适用于__________，而不宜用于__________。

8）气门锥角是________________________的密封锥面与______________平面的夹角。

9）气门锥角的作用是______________________________
______________________________。

10）气门杆部呈______________，有较高的加工精度和较低的表面粗糙度，与气门导管保持较小的配合间隙，以减小磨损，并起到良好的__________和__________作用。

11）气门杆尾部用以固定气门弹簧座，其结构随弹簧座的固定方式不同而异。常见的有锥形________________式和______________式。

12）采用多气门结构可以提高________________，降低______________，改善______________。

13）一般情况下进气门在数量上__________排气门。

14）气门导管为____________，其外表面有较高的加工精度、较低的表面粗糙度，与气缸盖（体）的配合有一定的____________，以保证良好的____________________。

（续）

资讯

15）气门导管的作用是＿＿＿＿＿＿＿＿＿＿＿＿＿＿＿＿，保证气门和＿＿＿＿＿＿＿＿的精确配合，并为＿＿＿＿＿＿＿＿散热。

16）气门座的作用是＿＿＿＿＿＿＿＿＿＿＿＿＿＿＿＿＿＿＿＿＿＿＿＿＿＿＿＿＿＿＿＿。

17）气门弹簧能使气门＿＿＿＿＿＿＿＿＿＿，保证气门关闭时能紧密地与气门座或气门座圈贴合，同时防止＿＿。

18）为防止气门弹簧发生共振，可采用＿＿＿＿＿＿＿＿、＿＿＿＿＿＿＿＿或＿＿＿＿＿＿＿＿。

19）气门油封的主要作用有＿＿。

20）气门弹簧的耗损除断裂外，还有＿＿＿＿＿＿、＿＿＿＿＿＿等。气门弹簧的歪斜将影响气门关闭时的对中性，使气门＿＿＿＿＿＿＿＿，容易烧蚀密封锥面，影响发动机的正常工作。

二、根据下列图例，按要求填写相关信息

1）结合下图，填写气门头部的结构形式。

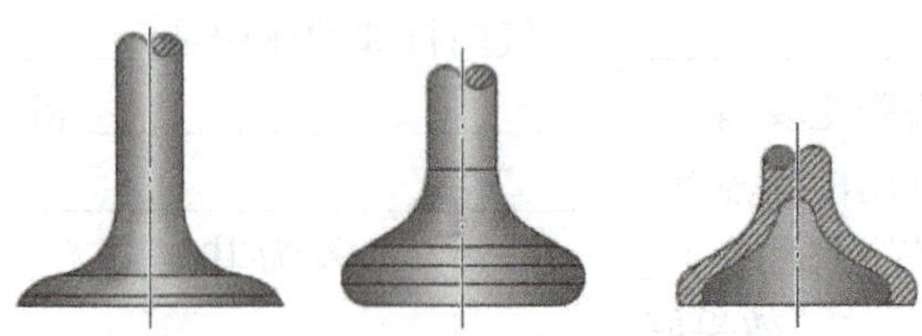

① ② ③

① 名称：＿＿＿＿＿＿＿＿＿＿＿＿＿＿

特点：＿＿

② 名称：＿＿＿＿＿＿＿＿＿＿＿＿＿＿

特点：＿＿

③ 名称：＿＿＿＿＿＿＿＿＿＿＿＿＿＿

特点：＿＿

2）填写图中所示气门数目。

＿＿＿＿＿＿＿气门配气机构

＿＿＿＿＿＿＿气门配气机构

（续）

<table>
<tr><td>资讯</td><td colspan="8">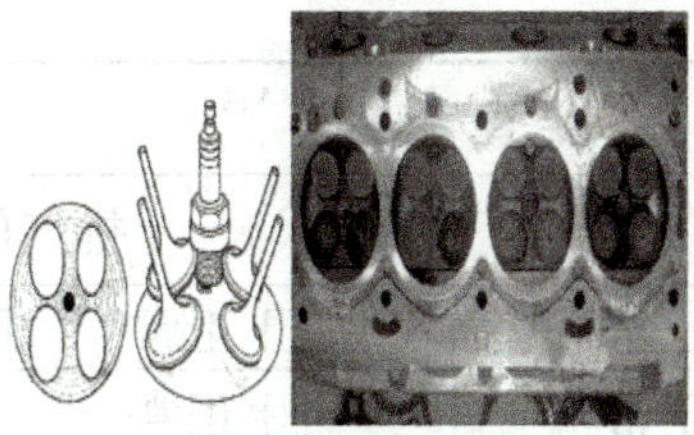
________气门配气机构
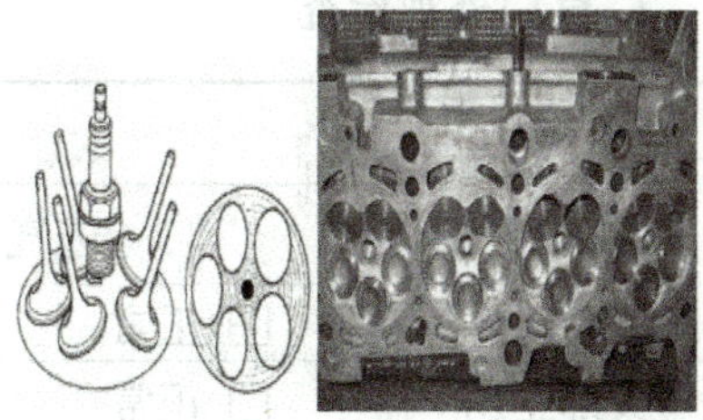
________气门配气机构</td></tr>
<tr><td rowspan="13">计划与决策</td><td rowspan="9">实施计划</td><td colspan="6">检测与诊断步骤</td><td>仪器与工具、量具</td></tr>
<tr><td colspan="6">1.</td><td></td></tr>
<tr><td colspan="6">2.</td><td></td></tr>
<tr><td colspan="6">3.</td><td></td></tr>
<tr><td colspan="6">4.</td><td></td></tr>
<tr><td colspan="6">5.</td><td></td></tr>
<tr><td colspan="6">6.</td><td></td></tr>
<tr><td colspan="6">7.</td><td></td></tr>
<tr><td colspan="6">8.</td><td></td></tr>
<tr><td rowspan="2">任务分工</td><td>职责</td><td>组长/记录</td><td>主操作</td><td>辅操作</td><td>仪器管理</td><td>安全6S</td><td>质检</td></tr>
<tr><td>姓名</td><td></td><td></td><td></td><td></td><td></td><td></td></tr>
<tr><td rowspan="2">注意事项</td><td colspan="7"></td></tr>
<tr><td colspan="7"></td></tr>
<tr><td>实施</td><td colspan="8">一、发动机基本检查
1. 登记发动机基本信息 | 发动机型号：
2. 发动机油、电、水检查 | □ 正常　　□ 不正常
二、气门的检查
1. 简述气门组的检查步骤</td></tr>
</table>

（续）

实施

2. 气门外观检查

项目	检查结果	
	进气门	排气门
裂纹	□ 正常 □ 不正常	□ 正常 □ 不正常
头部歪斜	□ 正常 □ 不正常	□ 正常 □ 不正常
杆部弯曲	□ 正常 □ 不正常	□ 正常 □ 不正常
烧蚀	□ 正常 □ 不正常	□ 正常 □ 不正常
磨损	□ 正常 □ 不正常	□ 正常 □ 不正常
积炭	□ 正常 □ 不正常	□ 正常 □ 不正常

维修建议：□ 更换 □ 维修 □ 调整

3. 气门头部直径、气门杆长度的检测

项目 / 测量及结果	气门头部直径		气门杆长度	
	进气门	排气门	进气门	排气门
测量值/mm				
结果判断				

注：气门头部直径测量值保留小数点后 2 位；气门杆长度测量值保留小数点后 3 位。

维修建议：□ 更换 □ 维修 □ 调整

4. 气门密封性的检查

项目 / 测量及结果	气门密封性	
	进气门	排气门
检查情况		
结果判断		

维修建议：□ 更换 □ 维修 □ 调整

三、气门弹簧的检测

项目 / 测量及结果	气门弹簧自由长度	
	进气门	排气门
测量值/mm		
结果判断		

注：测量值保留小数点后 2 位。

维修建议：□ 更换 □ 维修 □ 调整

（续）

<table>
<tr><td rowspan="2">实施</td><td colspan="2">四、简述更换气门油封的注意事项</td></tr>
<tr><td colspan="2">五、诊断结论
维修建议：□ 更换　□ 维修　□ 调整</td></tr>
<tr><td rowspan="3">检查与评估</td><td>检查监督</td><td>□ 6S 管理　□ 分工合理　□ 过程完整　□ 操作规范
□ 数据正确　□ 现场恢复　□ 其他异常情况：________</td></tr>
<tr><td>过程考核</td><td>
<table>
<tr><td colspan="2">考 评 项 目</td><td>组长考核</td><td>教师考核</td><td>备注</td></tr>
<tr><td rowspan="2">素质考评（10 分）</td><td>劳动纪律（5 分）</td><td></td><td></td><td></td></tr>
<tr><td>安全文明生产（5 分）</td><td></td><td></td><td></td></tr>
<tr><td colspan="2">工单考评（40 分）</td><td></td><td></td><td></td></tr>
<tr><td rowspan="4">实操考评（50 分）</td><td>工具使用（5 分）</td><td></td><td></td><td></td></tr>
<tr><td>任务方案（10 分）</td><td></td><td></td><td></td></tr>
<tr><td>实施过程（30 分）</td><td></td><td></td><td></td></tr>
<tr><td>完成情况（5 分）</td><td></td><td></td><td></td></tr>
<tr><td colspan="2">合计（100 分）</td><td></td><td></td><td></td></tr>
<tr><td colspan="2">个人最终成绩</td><td></td><td></td><td></td></tr>
</table>
</td></tr>
<tr><td>实训小结</td><td></td></tr>
</table>

任务 4.3 气门传动组件的检修

<table>
<tr><td>姓名</td><td></td><td>学生组号</td><td></td><td>班级</td><td></td></tr>
<tr><td>实训场地</td><td></td><td>课时</td><td></td><td>日期</td><td></td></tr>
<tr><td>任务目标</td><td colspan="5">掌握相关理论知识，制订工作计划，完成对气门传动组件的检修。</td></tr>
<tr><td>任务描述</td><td colspan="5">4S 店来了一批新员工，技术经理委托你对新员工进行入职培训，按照培训计划安排，本次的培训任务为对雪佛兰科鲁兹轿车的气门传动组件进行检修。</td></tr>
<tr><td>实训设备</td><td colspan="5">雪佛兰科鲁兹 LDE 发动机的凸轮轴或发动机台架。</td></tr>
</table>

资讯

一、填空题

1）气门传动组的作用是________________________，并保证气门有____。

2）气门传动组一般由____________、__________、________、________、________等组成。

3）凸轮轴的作用是____。

4）发动机各个气缸的进、排气凸轮的相对角位置应该符合发动机________的要求，且与既定的________相适应。

5）凸轮轴主要由________和__________组成，有些带________和________。

6）凸轮轴主要的损伤有____________、__________。

7）推杆将凸轮轴和挺柱传来的________传给摇臂，是传统配气机构中最容易________的零件之一。

8）推杆要求有很大的________和__________，在动载荷大的发动机中，推杆应尽量做得________。

9）推杆采用__________、__________、__________等制成，两边的球头需经________和________，以保证其耐磨性。

10）摇臂的功用是将______________________________________。

11）摇臂可由__________、__________、__________或__________制造。

12）摇臂是一个双臂杠杆，以摇臂轴为支点，两臂不等长。短臂端加工有螺纹孔，用来拧入____________，长臂端加工成圆弧面，是________的工作面。

13）为了防止摇臂的窜动，在摇臂轴上每两个摇臂之间都装有________。

14）四冲程发动机每完成一个工作循环，曲轴旋转________周，凸轮轴只转________周。

15）用曲轴转角表示的________________________称为配气相位。

16）进气迟后角是指______________________________________。

（续）

<table>
<tr><td rowspan="2">资讯</td><td colspan="8">17）进气提前角是指____。
18）当凸轮表面仅有轻微烧蚀或凹槽时，可用____________；若凸轮表面磨损严重或最大升程小于规定值时，应____________。
19）在测量凸轮轴弯曲量时，应使指示表小指针有____________压缩量。
20）用外径千分尺测量凸轮轴凸轮的高度，当凸轮最大升程减小值大于________时，应更换凸轮轴。</td></tr>
<tr><td colspan="8">二、根据下列图例，按要求填写相关信息
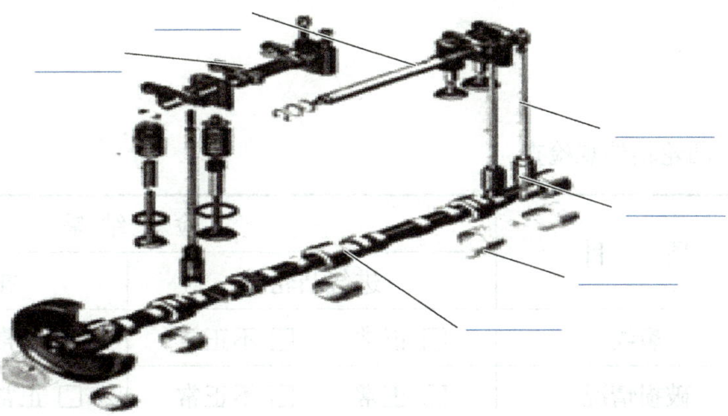</td></tr>
<tr><td rowspan="13">计划与决策</td><td rowspan="9">实施计划</td><td colspan="5">检测与诊断步骤</td><td colspan="2">仪器与工具、量具</td></tr>
<tr><td colspan="5">1.</td><td colspan="2"></td></tr>
<tr><td colspan="5">2.</td><td colspan="2"></td></tr>
<tr><td colspan="5">3.</td><td colspan="2"></td></tr>
<tr><td colspan="5">4.</td><td colspan="2"></td></tr>
<tr><td colspan="5">5.</td><td colspan="2"></td></tr>
<tr><td colspan="5">6.</td><td colspan="2"></td></tr>
<tr><td colspan="5">7.</td><td colspan="2"></td></tr>
<tr><td colspan="5">8.</td><td colspan="2"></td></tr>
<tr><td rowspan="2">任务分工</td><td>职责</td><td>组长/记录</td><td>主操作</td><td>辅操作</td><td>仪器管理</td><td>安全 6S</td><td>质检</td></tr>
<tr><td>姓名</td><td></td><td></td><td></td><td></td><td></td><td></td></tr>
<tr><td rowspan="2">注意事项</td><td colspan="7"></td></tr>
<tr><td colspan="7"></td></tr>
</table>

（续）

实施

一、发动机基本检查

1. 登记发动机基本信息	发动机型号：
2. 发动机油、电、水检查	□ 正常　□ 不正常

二、气门传动组的检查

1. 简述气门传动组的检查方法与步骤

2. 凸轮轴外观检查

项　目	检查结果	
	进气凸轮轴	排气凸轮轴
裂纹	□ 正常　□ 不正常	□ 正常　□ 不正常
破损情况	□ 正常　□ 不正常	□ 正常　□ 不正常
弯曲情况	□ 正常　□ 不正常	□ 正常　□ 不正常
凹槽	□ 正常　□ 不正常	□ 正常　□ 不正常
烧蚀	□ 正常　□ 不正常	□ 正常　□ 不正常

维修建议：□ 更换　□ 维修　□ 调整

3. 凸轮轴弯曲度、凸轮磨损情况的检测

项目 / 测量及结果	凸轮轴径向圆跳动		凸轮最大升程	
	进气	排气	进气	排气
测量值/mm				
结果判断				

维修建议：□ 更换　□ 维修　□ 调整

三、配气相位的内容及配气相位图

（续）

<table>
<tr><td rowspan="1">实施</td><td colspan="2">四、诊断结论
维修建议：□ 更换 □ 维修 □ 调整</td></tr>
<tr><td rowspan="3">检查与评估</td><td>检查监督</td><td>□ 6S 管理 □ 分工合理 □ 过程完整 □ 操作规范
□ 数据正确 □ 现场恢复 □ 其他异常情况：________</td></tr>
<tr><td>过程考核</td><td>
<table>
<tr><th colspan="2">考 评 项 目</th><th>组长考核</th><th>教师考核</th><th>备注</th></tr>
<tr><td rowspan="2">素质考评（10 分）</td><td>劳动纪律（5 分）</td><td></td><td></td><td></td></tr>
<tr><td>安全文明生产（5 分）</td><td></td><td></td><td></td></tr>
<tr><td colspan="2">工单考评（40 分）</td><td></td><td></td><td></td></tr>
<tr><td rowspan="4">实操考评（50 分）</td><td>工具使用（5 分）</td><td></td><td></td><td></td></tr>
<tr><td>任务方案（10 分）</td><td></td><td></td><td></td></tr>
<tr><td>实施过程（30 分）</td><td></td><td></td><td></td></tr>
<tr><td>完成情况（5 分）</td><td></td><td></td><td></td></tr>
<tr><td colspan="2">合计（100 分）</td><td></td><td></td><td></td></tr>
<tr><td colspan="2">个人最终成绩</td><td colspan="2"></td><td></td></tr>
</table>
</td></tr>
<tr><td>实训小结</td><td></td></tr>
</table>

任务 4.4　气门间隙的检查

<table>
<tr><td>姓名</td><td></td><td>学生组号</td><td></td><td>班级</td><td></td></tr>
<tr><td>实训场地</td><td></td><td>课时</td><td></td><td>日期</td><td></td></tr>
<tr><td>任务目标</td><td colspan="5">掌握相关理论知识，制订工作计划，完成对气门间隙的检查。</td></tr>
<tr><td>任务描述</td><td colspan="5">4S 店来了一批新员工，技术经理委托你对新员工进行入职培训，按照培训计划安排，本次的培训任务为对雪佛兰科鲁兹轿车的气门间隙进行检查。</td></tr>
<tr><td>实训设备</td><td colspan="5">雪佛兰科鲁兹 LDE 发动机或发动机台架。</td></tr>
<tr><td>资讯</td><td colspan="5">填空题
1）发动机________时，气门组与气门传动组之间必须留有一定的间隙，以补偿__________，这一间隙称为气门间隙。
2）气门间隙过大的危害是______________________________。
3）气门间隙过小的危害是______________________________。
4）在装有液压挺柱的配气机构中，由于液压挺柱能自动______和______，可补偿气门的热胀冷缩，所以不需要留有气门间隙。
5）当气门间隙不符合原厂规定时，应对气门间隙进行______和______。
6）“双排不进”法的“双”指__________，“排”指__________，“不”指__________，“进”指__________。
7）逐缸调整法要求调整的气缸活塞处于压缩行程________，此时进、排气门完全处于________状态。
8）逐缸调整法调整气门间隙，需要参考__________进行调整。
9）逐缸调整法调整气门间隙时，先将曲轴摇转到第一缸活塞处于压缩行程上止点位置，此时可调整____________。
10）两次调整法，当第一缸活塞处于压缩行程上止点位置时，第三缸可以调整____气门间隙。
11）两次调整法，当第四缸活塞处于压缩行程上止点位置时，第三缸可以调整______气门间隙。
12）两次调整法，当第二缸活塞处于压缩行程下止点位置时，第三缸可以调整______气门间隙。
13）调整气门间隙时需要用到的工具有____________________。</td></tr>
</table>

（续）

<table>
<tr><td>资讯</td><td colspan="8">14）若发动机气门响，其响声会随发动机转速增高而________，温度变化和单缸断火时响声________。
15）发动机 VTEC 机构有______个进气摇臂。
16）德国奔驰轿车采用________调整法来调整气门间隙。
17）日本丰田轿车采用________调整法来调整气门间隙。
18）发动机气门间隙过大，使气门发出异响，可用________进行辅助判断。
19）发动机气门座圈异响比气门异响稍大并呈______________的“嚓嚓”声。
20）气门座裂纹最好的修理方法是________。</td></tr>
<tr><td rowspan="13">计划与决策</td><td rowspan="9">实施计划</td><td colspan="5">检测与诊断步骤</td><td colspan="2">仪器与工具、量具</td></tr>
<tr><td colspan="5">1.</td><td colspan="2"></td></tr>
<tr><td colspan="5">2.</td><td colspan="2"></td></tr>
<tr><td colspan="5">3.</td><td colspan="2"></td></tr>
<tr><td colspan="5">4.</td><td colspan="2"></td></tr>
<tr><td colspan="5">5.</td><td colspan="2"></td></tr>
<tr><td colspan="5">6.</td><td colspan="2"></td></tr>
<tr><td colspan="5">7.</td><td colspan="2"></td></tr>
<tr><td colspan="5">8.</td><td colspan="2"></td></tr>
<tr><td rowspan="2">任务分工</td><td>职责</td><td>组长/记录</td><td>主操作</td><td>辅操作</td><td>仪器管理</td><td>安全 6S</td><td>质检</td></tr>
<tr><td>姓名</td><td></td><td></td><td></td><td></td><td></td><td></td></tr>
<tr><td rowspan="2">注意事项</td><td colspan="7"></td></tr>
<tr><td colspan="7"></td></tr>
<tr><td>实施</td><td colspan="8">一、发动机基本检查
<table><tr><td>1. 登记发动机基本信息</td><td>发动机型号：</td></tr><tr><td>2. 发动机油、电、水检查</td><td>□ 正常　　□ 不正常</td></tr></table></td></tr>
</table>

（续）

<table>
<tr><td rowspan="10">实施</td><td>

二、气门间隙的调整

1. 气门间隙的检查

项目 测量及结果	第一缸		第二缸		第三缸		第四缸	
	进气门	排气门	进气门	排气门	进气门	排气门	进气门	排气门
测量值/mm								
结果判断								

维修建议：□ 更换　□ 维修　□ 调整

2. 简述气门间隙的调整方法

三、气门间隙调整不当有什么后果?

四、安装气门时有哪些注意事项?

</td></tr>
</table>

（续）

<table>
<tr><td rowspan="12">检查与评估</td><td>检查监督</td><td colspan="5">□ 6S 管理 □ 分工合理 □ 过程完整 □ 操作规范
□ 数据正确 □ 现场恢复 □ 其他异常情况：________</td></tr>
<tr><td rowspan="10">过程考核</td><td colspan="2">考 评 项 目</td><td>组长考核</td><td>教师考核</td><td>备注</td></tr>
<tr><td rowspan="2">素质考评（10 分）</td><td>劳动纪律（5 分）</td><td></td><td></td><td></td></tr>
<tr><td>安全文明生产（5 分）</td><td></td><td></td><td></td></tr>
<tr><td colspan="2">工单考评（40 分）</td><td></td><td></td><td></td></tr>
<tr><td rowspan="4">实操考评（50 分）</td><td>工具使用（5 分）</td><td></td><td></td><td></td></tr>
<tr><td>任务方案（10 分）</td><td></td><td></td><td></td></tr>
<tr><td>实施过程（30 分）</td><td></td><td></td><td></td></tr>
<tr><td>完成情况（5 分）</td><td></td><td></td><td></td></tr>
<tr><td colspan="2">合计（100 分）</td><td></td><td></td><td></td></tr>
<tr><td colspan="2">个人最终成绩</td><td></td><td></td><td></td></tr>
<tr><td>实训小结</td><td colspan="5"></td></tr>
</table>

任务 4.5 液压挺柱的检修

姓名		学生组号		班级	
实训场地		课时		日期	
任务目标	掌握相关理论知识，制订工作计划，完成对液压挺柱的检修。				
任务描述	4S 店来了一批新员工，技术经理委托你对新员工进行入职培训，按照培训计划安排，本次的培训任务为对雪佛兰科鲁兹轿车的液压挺柱进行检修。				
实训设备	雪佛兰科鲁兹 LDE 发动机或发动机台架。				

资讯

一、填空题

1）液压挺柱的作用是将________________传给气门组，自动消除________________，减小各零件的__________，而且凸轮轮廓可设计得比较陡，气门的开启和关闭更快，以减小进、排气阻力，改善发动机的换气质量，提高发动机的性能，特别是高速性能。

2）液压挺柱与承孔的配合间隙一般为______________，使用极限为________，超限后应更换液压挺柱。

3）在气门关闭的过程中，挺柱上移，由于仍受到凸轮和气门弹簧两方面的顶压，高压油腔仍保持__________，球阀仍处于__________状态，液压挺柱仍是一个__________，直至气门完全关闭为止。

4）气门关闭以后，补偿弹簧将柱塞继续向上推动一个微小的行程，此时球阀__________，低压油腔的油液进入__________内。

5）当气门受热膨胀时，通过柱塞与液压缸的间隙，高压油腔的油液向低压油腔泄漏一部分，柱塞与液压缸产生相对运动，从而使挺柱自动________，保证气门________紧密。

6）当气门冷却收缩时，弹簧将柱塞向上推动，球阀打开，低压油腔的油液进入高压油腔，挺柱自动________，保证无气门________。

7）液压挺柱中的柱塞和液压缸是对精密偶件，其配合间隙不超过________。过度磨损会影响液压挺柱的升程，同时还会发生________现象。

8）液压挺柱必须________更换，不能进行________或________。

9）如果凸轮和液压挺柱之间的间隙大于________，则更换液压挺柱。

10）可变进气系统是利用进气歧管内产生大幅度的__________，使进气歧管的______________，从而增加________，这就是进气________效应。

11）发动机在高转速、大负荷时应配用________的进气歧管；在中、低转速和中、小负荷下应配用________的进气歧管。

（续）

资讯

12）当发动机低速运转时，发动机电子控制装置指令转换阀控制机构关闭转换阀，这时空气经____________________流进气缸。细长的进气歧管提高了____________，增强了气流的________，使进气量________。

13）当发动机高速运转时，转换阀开启，空气经________________直接进入粗短的进气歧管。粗短的进气歧管进气________，也使进气量________。

14）可变长度进气歧管不仅可以提高发动机的________，还由于提高了发动机在中、低转速下的________而增强了气缸内的________，从而改善了________，使发动机中、低速________有所提高。

15）涡轮增压的作用是____。

16）涡轮迟滞是指____。

17）近些年来有些汽车采用可变气门正时技术，用来控制________与________，从而提高发动机的输出功率和转矩。

18）气门间隙过大，气门开启时刻变______，关闭时间变______；气门间隙过小，易使气门________，造成漏气。

19）发动机的进气提前角为α，进气迟后角为β，排气提前角为γ，排气迟后角为δ，那么该发动机的气门重叠角为______。

20）目视检查液压挺柱柱塞顶平面的磨损情况，若磨损严重或出现沟槽，需更换______。

二、根据下列图例，按要求填写相关信息

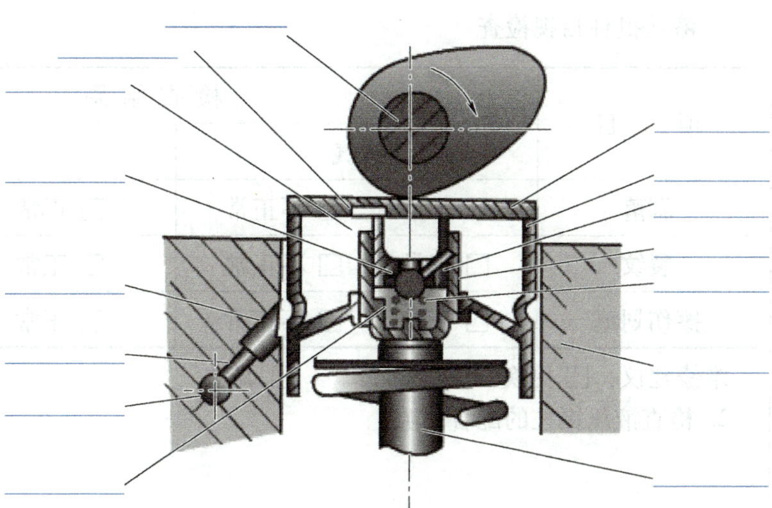

（续）

<table>
<tr><td rowspan="13">计划与决策</td><td rowspan="9">实施计划</td><td colspan="5">检测与诊断步骤</td><td colspan="2">仪器与工具、量具</td></tr>
<tr><td colspan="5">1.</td><td colspan="2"></td></tr>
<tr><td colspan="5">2.</td><td colspan="2"></td></tr>
<tr><td colspan="5">3.</td><td colspan="2"></td></tr>
<tr><td colspan="5">4.</td><td colspan="2"></td></tr>
<tr><td colspan="5">5.</td><td colspan="2"></td></tr>
<tr><td colspan="5">6.</td><td colspan="2"></td></tr>
<tr><td colspan="5">7.</td><td colspan="2"></td></tr>
<tr><td colspan="5">8.</td><td colspan="2"></td></tr>
<tr><td rowspan="2">任务分工</td><td>职责</td><td>组长/记录</td><td>主操作</td><td>辅操作</td><td>仪器管理</td><td>安全6S</td><td>质检</td></tr>
<tr><td>姓名</td><td></td><td></td><td></td><td></td><td></td><td></td></tr>
<tr><td rowspan="2">注意事项</td><td colspan="7"></td></tr>
<tr><td colspan="7"></td></tr>
</table>

实施

一、发动机基本检查

1. 登记发动机基本信息	发动机型号：
2. 发动机油、电、水检查	□ 正常　□ 不正常

二、液压挺柱的检查

1. 液压挺柱目视检查

项　目	检查结果			
	进气		排气	
剥落	□ 正常	□ 不正常	□ 正常	□ 不正常
裂纹	□ 正常	□ 不正常	□ 正常	□ 不正常
擦伤划痕	□ 正常	□ 不正常	□ 正常	□ 不正常

维修建议：□ 更换　□ 维修　□ 调整

2. 检查液压挺柱的配合间隙

（续）

<table>
<tr><td rowspan="1">实施</td><td colspan="2">3. 检查液压挺柱的密封性

三、简述液压挺柱的工作原理

四、拆装液压挺柱时有哪些注意事项?</td></tr>
<tr><td rowspan="3">检查与评估</td><td>检查监督</td><td>□ 6S 管理 □ 分工合理 □ 过程完整 □ 操作规范
□ 数据正确 □ 现场恢复 □ 其他异常情况：______</td></tr>
<tr><td>过程考核</td><td>

考 评 项 目		组长考核	教师考核	备注
素质考评（10 分）	劳动纪律（5 分）			
	安全文明生产（5 分）			
工单考评（40 分）				
实操考评（50 分）	工具使用（5 分）			
	任务方案（10 分）			
	实施过程（30 分）			
	完成情况（5 分）			
合计（100 分）				
个人最终成绩				

</td></tr>
<tr><td>实训小结</td><td></td></tr>
</table>

项目 5　润滑系统的检测与维修

任务 5.1　发动机机油压力的检测

姓名		学生组号		班级	
实训场地		课时		日期	
任务目标	掌握相关理论知识，制订工作计划，完成对发动机机油压力的检测。				
任务描述	4S 店来了一批新员工，技术经理委托你对新员工进行入职培训，按照培训计划安排，本次的培训任务为对雪佛兰科鲁兹轿车发动机的机油压力进行检测。				
实训设备	雪佛兰科鲁兹轿车或发动机台架。				

资讯

一、填空题

1）润滑系统由________、________、________、________和________等组成。

2）润滑系统的功用是________、________、________、________________和________________。

3）润滑方式有________________、________________、________________等。

4）利用机油泵将具有一定压力的机油源源不断地送往摩擦表面，这种润滑方式称为________。

5）飞溅润滑是指____。

6）驾驶人可以通过________指示灯得知机油压力的状况。

7）机油压力指示灯从机油循环高压管路中的机油压力开关获取所需要的信息，发动机起动后，机油压力达到____________时，机油压力开关就会断开电路，机油压力指示灯熄灭。

8）机油压力开关用于检测发动机________________，它由________、________及触点组成。

9）润滑系统中用于建立机油压力的装置是________。

10）润滑系统中用于存储机油的装置是________。

11）润滑系统中用于限制油压、防止堵塞的装置是________________。

12）在发动机润滑系统中，凸轮轴轴承采用________润滑。

13）活塞与气缸壁采用________润滑。

14）我国机油的品质标准是按机油的________和________两种分类方法来划分的。

（续）

资讯

15）汽油机机油按 API 质量分级法分为______，______，______，______，______，______和______等质量等级。

16）压力润滑是指____。

17）上海桑塔纳轿车 JV 型 1.8L 汽油发动机的机油油路为：集滤器____________________活塞销喷溅至活塞。

18）汽车发动机润滑系统所用的润滑剂有________和________两种。

19）机油的黏度是评价__________的主要指标，通常用________来表示。

20）发动机润滑系统中，机油的正常温度范围为__________。

二、根据下列图例，按要求填写相关信息

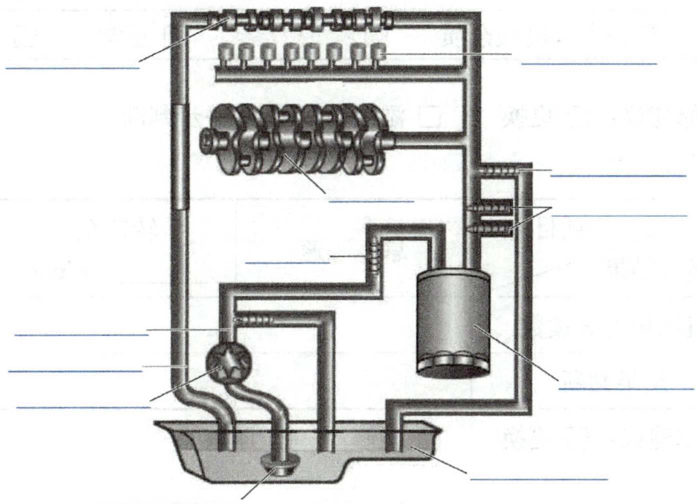

<table>
<tr><td rowspan="10">计划
与决策</td><td rowspan="9">实施
计划</td><td colspan="5">检测与诊断步骤</td><td colspan="2">仪器与工具、量具</td></tr>
<tr><td colspan="5">1.</td><td colspan="2"></td></tr>
<tr><td colspan="5">2.</td><td colspan="2"></td></tr>
<tr><td colspan="5">3.</td><td colspan="2"></td></tr>
<tr><td colspan="5">4.</td><td colspan="2"></td></tr>
<tr><td colspan="5">5.</td><td colspan="2"></td></tr>
<tr><td colspan="5">6.</td><td colspan="2"></td></tr>
<tr><td colspan="5">7.</td><td colspan="2"></td></tr>
<tr><td colspan="5">8.</td><td colspan="2"></td></tr>
<tr><td rowspan="2">任务
分工</td><td>职责</td><td>组长/记录</td><td>主操作</td><td>辅操作</td><td>仪器管理</td><td>安全 6S</td><td>质检</td></tr>
<tr><td></td><td>姓名</td><td></td><td></td><td></td><td></td><td></td><td></td></tr>
<tr><td></td><td>注意
事项</td><td colspan="7"></td></tr>
</table>

（续）

实施

一、发动机基本检查

1. 登记发动机基本信息	发动机型号：
2. 发动机油、电、水检查	□ 正常　　□ 不正常

二、发动机机油品质检查

项　目	检查结果
液位	□ 正常　□ 不正常
颜色	□ 正常　□ 不正常
气味	□ 正常　□ 不正常
是否含有机械杂质	□ 正常　□ 不正常

维修建议：□ 更换　□ 添加　□ 进一步判断

三、发动机机油压力的检测

项目 / 测量及结果	怠　速	转速至 ______ r/min	转速至 ______ r/min
机油压力表读数			
结果判断			

维修建议：□ 更换　□ 维修　□ 调整

四、简述检测机油压力的目的

五、若机油压力不正常有什么后果？

六、诊断结论

维修建议：□ 更换　□ 维修　□ 调整

（续）

<table>
<tr><td rowspan="12">检查与评估</td><td>检查监督</td><td colspan="5">□ 6S 管理 □ 分工合理 □ 过程完整 □ 操作规范
□ 数据正确 □ 现场恢复 □ 其他异常情况：____________</td></tr>
<tr><td rowspan="10">过程考核</td><td colspan="2">考评项目</td><td>组长考核</td><td>教师考核</td><td>备注</td></tr>
<tr><td rowspan="2">素质考评（10 分）</td><td>劳动纪律（5 分）</td><td></td><td></td><td></td></tr>
<tr><td>安全文明生产（5 分）</td><td></td><td></td><td></td></tr>
<tr><td colspan="2">工单考评（40 分）</td><td></td><td></td><td></td></tr>
<tr><td rowspan="4">实操考评（50 分）</td><td>工具使用（5 分）</td><td></td><td></td><td></td></tr>
<tr><td>任务方案（10 分）</td><td></td><td></td><td></td></tr>
<tr><td>实施过程（30 分）</td><td></td><td></td><td></td></tr>
<tr><td>完成情况（5 分）</td><td></td><td></td><td></td></tr>
<tr><td colspan="2">合计（100 分）</td><td></td><td></td><td></td></tr>
<tr><td colspan="2">个人最终成绩</td><td colspan="2"></td><td></td></tr>
<tr><td>实训小结</td><td colspan="5"></td></tr>
</table>

任务 5.2　机油滤清器的检修

姓名		学生组号		班级	
实训场地		课时		日期	
任务目标	掌握相关理论知识，制订工作计划，完成对机油滤清器的检修。				
任务描述	4S 店来了一批新员工，技术经理委托你对新员工进行入职培训，按照培训计划安排，本次的培训任务为对雪佛兰科鲁兹轿车的机油滤清器进行检修。				
实训设备	雪佛兰科鲁兹 LDE 发动机或发动机台架。				

资讯

一、填空题

1）集滤器主要有______________和______________两类。

2）固定式集滤器固装于__________，其优点是____。

3）滤清器安装于____________________之间，主要作用是____。

4）滤清器由_______与_______两大部分组成，其中还有____________、____________等辅助部件。

5）全流式机油滤清器_______在机油泵与主油道之间，全部机油都经过它来过滤。

6）油底壳主要作用是____________________，又称为__________。

7）油底壳由_______、_______、_______和_______等组成。

8）油底壳放油螺塞上有永磁铁，以吸附机油中的_____，减少发动机的磨损，挡油板用于减轻_____的波动。

9）拆装油底壳时必须要换新的_______，并涂抹_______。

10）曲轴箱通风方式一般有两种，一种是__________，另一种是__________。

11）大多数汽油机曲轴箱通风都采用_____通风法。

12）机油滤网堵塞，应用_____油或_____油清洗后用压缩空气吹干；浮筒有破损，应进行___修。

13）油底壳一般使用___油或_______剂清洗。

14）机油冷却装置一般采用_______式和_______式，从而保证机油在最有利的温度范围内工作。

15）风冷式机油冷却器芯由许多_______和_______组成。

16）在赛车上多采用_______式机油冷却器，因为赛车速度高，冷却风量大。

17）水冷式机油冷却器置于_________________中，利用__________的温度来控制机油的温度。

18）水冷式机油冷却器由_______铸成的壳体、前盖、后盖和_______管组成。

19）机油散热器大多是冷却式的，其构造与_____________相似。

20）涡轮增压发动机多安装有中冷器，中冷器是用来降低_______温度的，从而提高发动机的_______效率。

（续）

<table>
<tr><td rowspan="1">资讯</td><td colspan="8">

二、根据下列图例，按要求填写相关信息

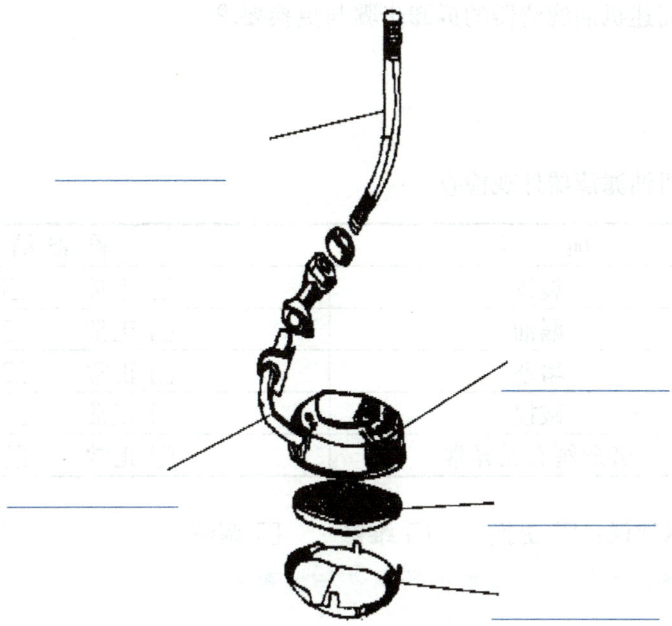

</td></tr>
<tr><td rowspan="12">计划与决策</td><td rowspan="9">实施计划</td><td colspan="5">检测与诊断步骤</td><td colspan="2">仪器与工具、量具</td></tr>
<tr><td colspan="5">1.</td><td colspan="2"></td></tr>
<tr><td colspan="5">2.</td><td colspan="2"></td></tr>
<tr><td colspan="5">3.</td><td colspan="2"></td></tr>
<tr><td colspan="5">4.</td><td colspan="2"></td></tr>
<tr><td colspan="5">5.</td><td colspan="2"></td></tr>
<tr><td colspan="5">6.</td><td colspan="2"></td></tr>
<tr><td colspan="5">7.</td><td colspan="2"></td></tr>
<tr><td colspan="5">8.</td><td colspan="2"></td></tr>
<tr><td rowspan="2">任务分工</td><td>职责</td><td>组长/记录</td><td>主操作</td><td>辅操作</td><td>仪器管理</td><td>安全 6S</td><td>质检</td></tr>
<tr><td>姓名</td><td></td><td></td><td></td><td></td><td></td><td></td></tr>
<tr><td>注意事项</td><td colspan="7"></td></tr>
<tr><td>实施</td><td colspan="8">

一、发动机基本检查

1. 登记发动机基本信息	发动机型号：
2. 发动机油、电、水检查	□ 正常　　□ 不正常

</td></tr>
</table>

（续）

实施

二、机油滤清器检查

1. 简述机油滤清器的拆卸步骤与更换要求

2. 机油滤清器外观检查

项　目	检查结果
裂纹	□ 正常　□ 不正常
漏油	□ 正常　□ 不正常
堵塞	□ 正常　□ 不正常
破损	□ 正常　□ 不正常
旁通阀有无异常	□ 正常　□ 不正常

维修建议：□ 更换　□ 维修　□ 调整

三、怎样对机油集滤器进行清洗与检查？

四、怎样对发动机机油道进行清洗？

五、怎样对油底壳进行清洗？

六、简述曲轴箱通风装置的检查步骤

七、诊断结论

维修建议：□ 更换　□ 维修　□ 调整

（续）

<table>
<tr><td rowspan="3">检查与评估</td><td>检查监督</td><td>□ 6S管理　□ 分工合理　□ 过程完整　□ 操作规范
□ 数据正确　□ 现场恢复　□ 其他异常情况：________</td></tr>
<tr><td>过程考核</td><td>
<table>
<tr><th colspan="2">考 评 项 目</th><th>组长考核</th><th>教师考核</th><th>备注</th></tr>
<tr><td rowspan="2">素质考评（10分）</td><td>劳动纪律（5分）</td><td></td><td></td><td></td></tr>
<tr><td>安全文明生产（5分）</td><td></td><td></td><td></td></tr>
<tr><td colspan="2">工单考评（40分）</td><td></td><td></td><td></td></tr>
<tr><td rowspan="4">实操考评（50分）</td><td>工具使用（5分）</td><td></td><td></td><td></td></tr>
<tr><td>任务方案（10分）</td><td></td><td></td><td></td></tr>
<tr><td>实施过程（30分）</td><td></td><td></td><td></td></tr>
<tr><td>完成情况（5分）</td><td></td><td></td><td></td></tr>
<tr><td colspan="2">合计（100分）</td><td></td><td></td><td></td></tr>
<tr><td colspan="2">个人最终成绩</td><td colspan="2"></td><td></td></tr>
</table>
</td></tr>
<tr><td>实训小结</td><td></td></tr>
</table>

任务 5.3　机油泵的检修

姓名		学生组号		班级	
实训场地		课时		日期	
任务目标	掌握相关理论知识，制订工作计划，完成对机油泵的检修。				
任务描述	4S 店来了一批新员工，技术经理委托你对新员工进行入职培训，按照培训计划安排，本次的培训任务为对雪佛兰科鲁兹轿车的机油泵进行检修。				
实训设备	雪佛兰科鲁兹 LDE 发动机或发动机台架。				

资讯

一、填空题

1）齿轮式机油泵由________、________、________、________、________等组成。

2）转子式机油泵由________、________、________及________等组成。

3）齿轮式机油泵的特点是________________________________。

4）转子式机油泵的特点是________________________________。

5）机油泵限压阀的作用是________________________________。

6）机油泵旁通阀的作用是________________________________。

7）科鲁兹 LDE 发动机机油泵的转子端面间隙允许值为________。

8）科鲁兹 LDE 发动机机油泵的平面度误差允许值不大于________。

9）科鲁兹 LDE 发动机机油泵的外转子与泵体之间的间隙允许值为____________，应在内、外转子紧密啮合的方向进行测量，每转____°检测一次。

10）科鲁兹 LDE 发动机机油泵的转子啮合间隙允许值为____________，应在内、外转子凸齿啮合处进行测量，每转____°检测一次。

11）齿轮式机油泵目测法检查主要观察主、从动齿轮及______、______等配合表面有无明显的磨损痕迹，______是否翘曲，______有无裂纹等。

12）测量齿轮式机油泵的啮合间隙，标准间隙为________ mm，使用极限为________ mm。

13）机油消耗过多的主要原因有两个方面：一是________；二是________。

14）机油泵常见的形式有________式和________式。

15）燃烧室内烧机油，排气管将排出________色烟。

16）机油消耗量与燃油消耗量的正常比值为________，技术状况良好的发动机可降至________。

17）发动机机油泵的限压阀弹簧太硬，将导致机油压力________。

（续）

资讯

18）机油泵里的________阀的作用是限制润滑系统内的最高油压，防止因压力过高而造成过分润滑及密封垫圈发生泄漏现象。

19）对负荷大、相对运动速度高的零件（如主轴承、凸轮轴轴承等），采用________润滑。

20）在发动机的机油油路中，________滤清器与主油道串联，其上设有________阀。若滤芯堵塞，机油便经________直接进入主油道。

二、根据下列图例，按要求填写相关信息

1）根据图示，填写机油泵的类型。

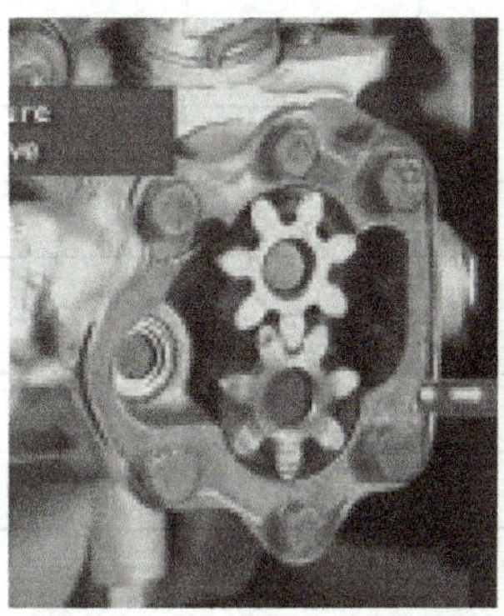

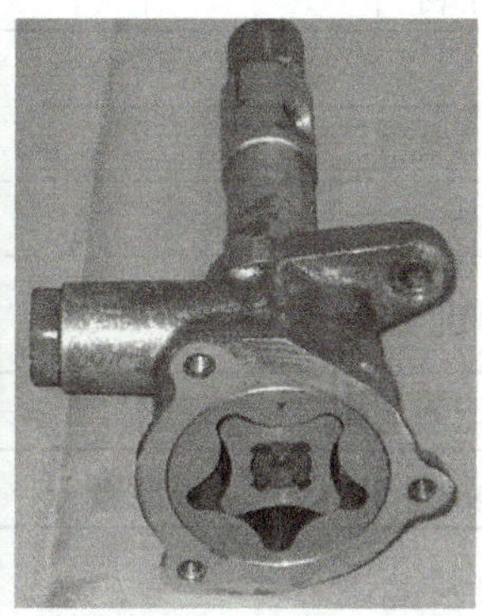

名称：____________　　名称：____________

2）根据图示，请写出各零件的名称。

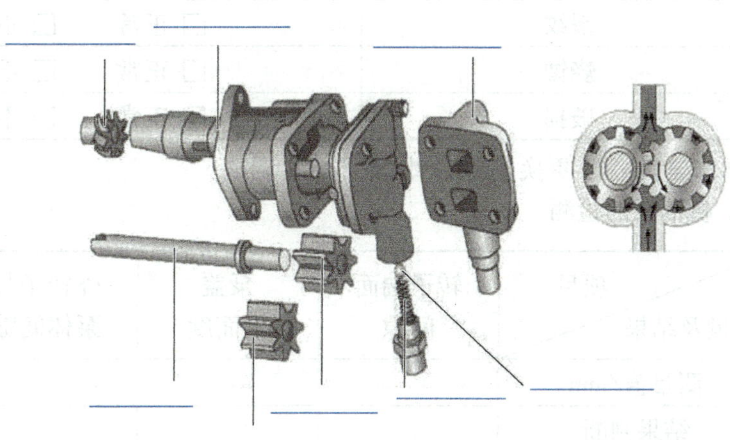

（续）

计划与决策

实施计划	检测与诊断步骤	仪器与工具、量具
	1.	
	2.	
	3.	
	4.	
	5.	
	6.	
	7.	
	8.	

任务分工						
职责	组长/记录	主操作	辅操作	仪器管理	安全6S	质检
姓名						

注意事项	

实施

一、发动机基本检查

1. 登记发动机基本信息	发动机型号：
2. 发动机油、电、水检查	□ 正常　□ 不正常

二、机油泵检查

1. 机油泵外观检查

项　　目	检 查 结 果
泵盖翘曲	□ 正常　□ 不正常
密封情况	□ 正常　□ 不正常
裂纹	□ 正常　□ 不正常
烧蚀	□ 正常　□ 不正常
破损	□ 正常　□ 不正常

维修建议：□ 更换　□ 维修　□ 调整

2. 机油泵的检测

项目 / 测量及结果	转子端面间隙	泵盖平面度	外转子与泵体间隙	转子啮合间隙
测量值/mm				
结果判断				

维修建议：□ 更换　□ 维修　□ 调整

（续）

<table>
<tr><td rowspan="1">实施</td><td colspan="2">三、机油消耗异常有哪些原因？

四、拆装机油泵时有哪些注意事项？

五、诊断结论
维修建议：□ 更换 □ 维修 □ 调整</td></tr>
<tr><td rowspan="3">检查与评估</td><td>检查监督</td><td>□ 6S管理 □ 分工合理 □ 过程完整 □ 操作规范
□ 数据正确 □ 现场恢复 □ 其他异常情况：________</td></tr>
<tr><td>过程考核</td><td>
<table>
<tr><td colspan="2">考 评 项 目</td><td>组长考核</td><td>教师考核</td><td>备注</td></tr>
<tr><td rowspan="2">素质考评（10分）</td><td>劳动纪律（5分）</td><td></td><td></td><td></td></tr>
<tr><td>安全文明生产（5分）</td><td></td><td></td><td></td></tr>
<tr><td colspan="2">工单考评（40分）</td><td></td><td></td><td></td></tr>
<tr><td rowspan="4">实操考评（50分）</td><td>工具使用（5分）</td><td></td><td></td><td></td></tr>
<tr><td>任务方案（10分）</td><td></td><td></td><td></td></tr>
<tr><td>实施过程（30分）</td><td></td><td></td><td></td></tr>
<tr><td>完成情况（5分）</td><td></td><td></td><td></td></tr>
<tr><td colspan="2">合计（100分）</td><td></td><td></td><td></td></tr>
<tr><td colspan="2">个人最终成绩</td><td colspan="2"></td><td></td></tr>
</table>
</td></tr>
<tr><td>实训小结</td><td></td></tr>
</table>

项目 6　冷却系统的检测与维修

任务 6.1　冷却风扇、散热器的检修

姓名		学生组号		班级	
实训场地		课时		日期	
任务目标	掌握相关理论知识，制订工作计划，完成对冷却风扇、散热器的检修。				
任务描述	4S 店来了一批新员工，技术经理委托你对新员工进行入职培训，按照培训计划安排，本次的培训任务为对雪佛兰科鲁兹轿车的冷却风扇、散热器进行检修。				
实训设备	雪佛兰科鲁兹 LDE 发动机或发动机台架。				
资讯	一、填空题 1）冷却系统的功用是____。 2）冷却系统按照冷却介质的不同可以分为________和________。 3）发动机过热的危害是____。 4）发动机过冷的危害是____。 5）风冷式冷却系统以________为冷却介质，由________、________、________、________等组成。 6）水冷式冷却系统以__________为冷却介质，由______________、__________、__________、__________和__________等组成。 7）膨胀水箱的作用是____。 8）散热器俗称水箱，它由________、________、____________________等组成。 9）散热器芯由许多________和________组成，采用散热片是为了增加散热器芯的________。散热器芯的结构形式多样，常用的有________式和________式两种。 10）散热器盖内装有_______________、_______________和_______________，散热器盖的作用是______________________________________。 11）当散热器内部压力达到________时，压力阀开启而使水蒸气从通气孔排出；					

（续）

当冷却液温度下降，冷却系统内部的真空度低于________时，真空阀打开，空气从通气孔进入冷却系统，以防散热器被大气压瘪。

12）补充冷却液时可从膨胀水箱口加入，高度不应超过________线，给系统中冷却液留有足够的膨胀空间。

13）散热器风扇的作用是____。

14）汽车发动机的风扇有________和________两种。

15）轴流式风扇分为____________________风扇、____________________风扇和尼龙压铸整体风扇三种。

16）风扇离合器主要有________式和________式等。

17）百叶窗通过调节流经散热器的______量来调节冷却系统的冷却强度，使发动机在适宜的温度下工作。

18）散热器的渗漏部位大多出现在冷却管与上、下水室间的______部位。渗漏不严重时，一般可用______法修复。

19）中冷器是涡轮增压发动机的必备部件，起到_____________的作用。

20）未经冷却的增压空气进入燃烧室，除了会影响发动机的________，还很容易导致发动机燃烧温度过高，造成________等故障。

资讯

二、根据下列图例，按要求填写相关信息

1）填写下列图示冷却系统名称。

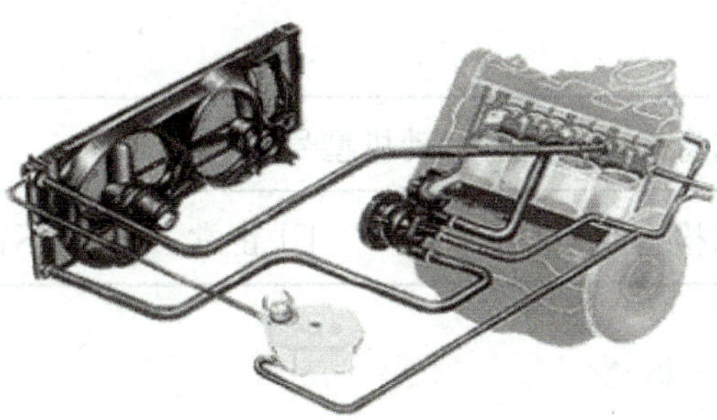

____

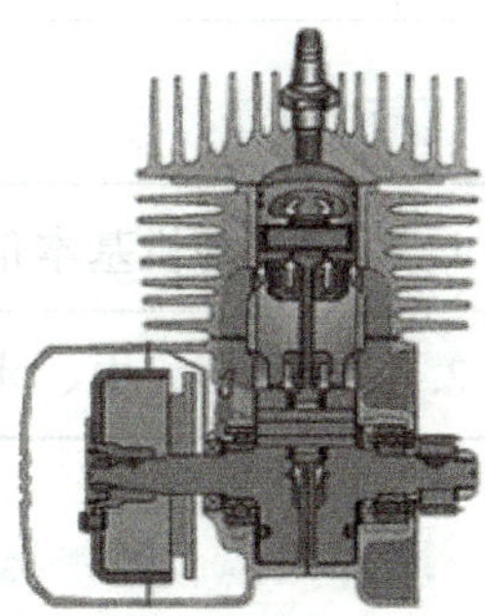

____

2）按要求写出图中各部位名称。

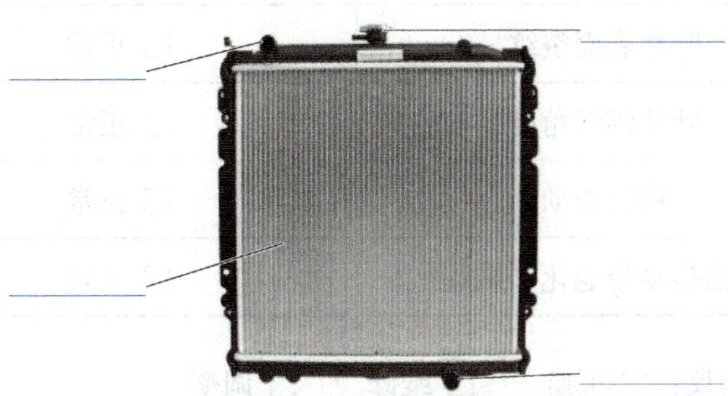

（续）

计划与决策	实施计划	检测与诊断步骤					仪器与工具、量具	
		1.						
		2.						
		3.						
		4.						
		5.						
		6.						
		7.						
		8.						
	任务分工	职责	组长/记录	主操作	辅操作	仪器管理	安全6S	质检
		姓名						
	注意事项							

实施

一、发动机基本检查

1. 登记发动机基本信息	发动机型号：
2. 发动机油、电、水检查	□ 正常　□ 不正常

二、冷却风扇、散热器的检查

1. 冷却风扇外观检查

项　目	检查结果
叶片表面裂纹	□ 正常　□ 不正常
叶片倾斜角度	□ 正常　□ 不正常
铆钉松动	□ 正常　□ 不正常
风扇传动带老化、破裂	□ 正常　□ 不正常

维修建议：□ 更换　□ 维修　□ 调整

（续）

实施

2. 简述冷却风扇的检查方法与步骤

3. 散热器外观检查

项　　目	检 查 结 果
管道淤塞	□ 正常　　□ 不正常
散热片变形	□ 正常　　□ 不正常
渗漏	□ 正常　　□ 不正常
断裂或脱焊	□ 正常　　□ 不正常

维修建议：□ 更换　　□ 维修　　□ 调整

4. 简述散热器密封性检查的方法与步骤

三、冷却风扇、散热器工作不当有什么后果?

四、拆装冷却风扇、散热器时有哪些注意事项?

五、诊断结论

维修建议：□ 更换　　□ 维修　　□ 调整

（续）

<table>
<tr><td rowspan="3">检查与评估</td><td>检查监督</td><td>□ 6S 管理 □ 分工合理 □ 过程完整 □ 操作规范
□ 数据正确 □ 现场恢复 □ 其他异常情况：________</td></tr>
<tr><td>过程考核</td><td>
<table>
<tr><td colspan="2">考 评 项 目</td><td>组长考核</td><td>教师考核</td><td>备注</td></tr>
<tr><td rowspan="2">素质考评（10 分）</td><td>劳动纪律（5 分）</td><td></td><td></td><td></td></tr>
<tr><td>安全文明生产（5 分）</td><td></td><td></td><td></td></tr>
<tr><td colspan="2">工单考评（40 分）</td><td></td><td></td><td></td></tr>
<tr><td rowspan="4">实操考评（50 分）</td><td>工具使用（5 分）</td><td></td><td></td><td></td></tr>
<tr><td>任务方案（10 分）</td><td></td><td></td><td></td></tr>
<tr><td>实施过程（30 分）</td><td></td><td></td><td></td></tr>
<tr><td>完成情况（5 分）</td><td></td><td></td><td></td></tr>
<tr><td colspan="2">合计（100 分）</td><td></td><td></td><td></td></tr>
<tr><td colspan="2">个人最终成绩</td><td colspan="2"></td><td></td></tr>
</table>
</td></tr>
<tr><td>实训小结</td><td></td></tr>
</table>

任务 6.2　水泵、节温器的检修

姓名		学生组号		班级	
实训场地		课时		日期	
任务目标	掌握相关理论知识，制订工作计划，完成对水泵、节温器的检修。				
任务描述	4S 店来了一批新员工，技术经理委托你对新员工进行入职培训，按照培训计划安排，本次的培训任务为对雪佛兰科鲁兹轿车的水泵、节温器进行检修。				
实训设备	雪佛兰科鲁兹 LDE 发动机或发动机台架。				

资讯

一、填空题

1）强制式水冷系统的冷却强度一般受汽车的____________________，__________、__________和__________的转速及__________的影响。

2）冷却强度的调整方法：一是改变流经散热器的空气_________和_________；二是改变冷却液的_________和_________。

3）水泵的主要作用是____。

4）汽车上广泛使用离心式水泵，其特点是____。

5）离心式水泵由____________________、__________、__________及_________等组成。

6）节温器的主要作用是____。

7）节温器有____________式和____________________式两种，目前多数发动机采用_________式节温器。

8）蜡式节温器由_______、_______、_______、_______、_______、_______、_______和______等组成。

9）如果水泵壳体有裂纹，可进行____或____。壳体与盖接合面的变形如果大于_________，应予以修平。

10）水泵轴弯曲度大于_______，应冷压进行校正；轴颈磨损严重，应予以更换。

11）常温下节温器主阀门应_________，否则应_______。

12）将节温器置于水中加热，用温度计检测水温，当水温达到_______℃时，阀门开始开启，水温达到_______℃时，阀门全开达到最大升程。

13）蜡式节温器安全寿命一般为_________，因其安全寿命较短，而且失效后无法修复，因此要求按照其安全寿命定期_________。

14）发动机工作时，最佳的冷却液温度为_________。

15）冷却液经水泵、水套、_________、散热器，又经水泵压入水套的循环，其水流路线长，散热强度大，称冷却系统的大循环。

（续）

<table>
<tr><td rowspan="2">资讯</td><td colspan="8">16）冷却液经水泵、水套、节温器后，不经________，而直接由水泵压入水套的循环，其水流路线短，散热强度小，称为冷却系统的小循环。
17）风扇传动带过松会导致发动机过____。
18）冷却液温度高时，散热器盖使散热器内的压力______大气压力。
19）通常情况下水泵是由______驱动的。
20）冷却系统中________的作用是将水套流出的热水自上而下或横向分成许多小股，并将其热量散给周围的空气。</td></tr>
<tr><td colspan="8">二、根据下列图例，按要求填写相关信息
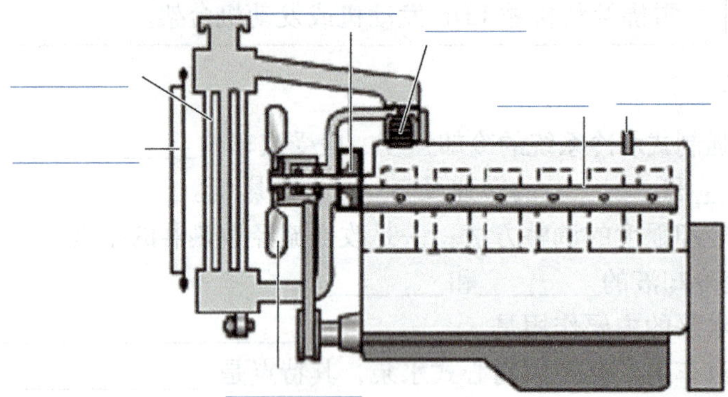</td></tr>
<tr><td rowspan="12">计划与决策</td><td rowspan="9">实施计划</td><td colspan="5">检测与诊断步骤</td><td colspan="2">仪器与工具、量具</td></tr>
<tr><td colspan="5">1.</td><td colspan="2"></td></tr>
<tr><td colspan="5">2.</td><td colspan="2"></td></tr>
<tr><td colspan="5">3.</td><td colspan="2"></td></tr>
<tr><td colspan="5">4.</td><td colspan="2"></td></tr>
<tr><td colspan="5">5.</td><td colspan="2"></td></tr>
<tr><td colspan="5">6.</td><td colspan="2"></td></tr>
<tr><td colspan="5">7.</td><td colspan="2"></td></tr>
<tr><td colspan="5">8.</td><td colspan="2"></td></tr>
<tr><td rowspan="2">任务分工</td><td>职责</td><td>组长/记录</td><td>主操作</td><td>辅操作</td><td>仪器管理</td><td>安全6S</td><td>质检</td></tr>
<tr><td>姓名</td><td></td><td></td><td></td><td></td><td></td><td></td></tr>
<tr><td>注意事项</td><td colspan="7"></td></tr>
</table>

（续）

实施

一、发动机基本检查

1. 登记发动机基本信息	发动机型号：
2. 发动机油、电、水检查	□ 正常 □ 不正常

二、水泵、节温器的检查

1. 水泵外观检查

项 目	检 查 结 果
水泵壳体有无裂纹	□ 正常 □ 不正常
密封情况	□ 正常 □ 不正常
轴承有无松动	□ 正常 □ 不正常
水泵轴有无弯曲	□ 正常 □ 不正常
叶轮上的叶片有无破碎	□ 正常 □ 不正常

维修建议：□ 更换 □ 维修 □ 调整

2. 简述节温器检查的方法与步骤

三、水泵、节温器工作不当有什么后果？

四、拆装水泵、节温器时有哪些注意事项？

五、诊断结论

维修建议：□ 更换 □ 维修 □ 调整

（续）

<table>
<tr><td rowspan="3">检查与评估</td><td>检查监督</td><td>□ 6S 管理　□ 分工合理　□ 过程完整　□ 操作规范
□ 数据正确　□ 现场恢复　□ 其他异常情况：________</td></tr>
<tr><td>过程考核</td><td>
<table>
<tr><td colspan="2">考 评 项 目</td><td>组长考核</td><td>教师考核</td><td>备注</td></tr>
<tr><td rowspan="2">素质考评（10 分）</td><td>劳动纪律（5 分）</td><td></td><td></td><td></td></tr>
<tr><td>安全文明生产（5 分）</td><td></td><td></td><td></td></tr>
<tr><td colspan="2">工单考评（40 分）</td><td></td><td></td><td></td></tr>
<tr><td rowspan="4">实操考评（50 分）</td><td>工具使用（5 分）</td><td></td><td></td><td></td></tr>
<tr><td>任务方案（10 分）</td><td></td><td></td><td></td></tr>
<tr><td>实施过程（30 分）</td><td></td><td></td><td></td></tr>
<tr><td>完成情况（5 分）</td><td></td><td></td><td></td></tr>
<tr><td colspan="2">合计（100 分）</td><td></td><td></td><td></td></tr>
<tr><td colspan="2">个人最终成绩</td><td colspan="2"></td><td></td></tr>
</table>
</td></tr>
<tr><td>实训小结</td><td></td></tr>
</table>

任务 6.3　冷却液的更换

姓名		学生组号		班级	
实训场地		课时		日期	
任务目标	掌握相关理论知识，制订工作计划，完成对冷却液的更换。				
任务描述	4S 店来了一批新员工，技术经理委托你对新员工进行入职培训，按照培训计划安排，本次的培训任务为对雪佛兰科鲁兹轿车的冷却液进行更换。				
实训设备	雪佛兰科鲁兹 LDE 发动机或发动机台架。				

资讯

一、填空题

1）冷却液是指________________________________。

2）冷却液主要由______、______、______、______、______、______等组成。

3）冷却液一般分为________、________、________三种。

4）乙醇型冷却液由______与______按不同比例混合而成。

5）乙醇型冷却液的特点是____。

6）二甘醇型冷却液的特点是____。

7）乙二醇型冷却液由________与________按不同比例混合而成。

8）乙二醇型冷却液的特点是____。

9）汽车对冷却液的要求有______________、______________、______________和________。

10）汽车冷却液更换的周期为____。

11）冷却液的有效期多为______年，添加时应确认该产品在有效期之内。

12）传统的无机型冷却液不可以兑水使用，那样会生成________，严重影响冷却液的正常功能。有机型冷却液则可以兑水使用，但水不能兑得太多。

13）在有压力的冷却系统中，散热器内的冷却液比大气压力下冷却液的________点高很多。

14）当冷却系统未冷却且处于高压状态时，拆下膨胀水箱盖或散热器盖将导致溶液瞬间______，可能使冷却液喷射到操作人员身上，造成严重的人身伤害。

15）排放冷却液需要打开散热器上的______________。

16）添加冷却液时需要将液面加至________________处。

17）无水冷却液也叫____________，主要成分为____________。

18）无水冷却液的______较高，有很大的热安全空间。

19）强制冷却液在发动机内进行循环的装置是______。

20）散热器盖上的压力阀弹簧过软，会造成______________________________。

（续）

资讯

二、根据下列图例，按要求填写相关信息

计划与决策

实施计划

检测与诊断步骤	仪器与工具、量具
1.	
2.	
3.	
4.	
5.	
6.	
7.	
8.	

任务分工

职责	组长/记录	主操作	辅操作	仪器管理	安全6S	质检
姓名						

注意事项

实施

一、发动机基本检查

1. 登记发动机基本信息	发动机型号：
2. 发动机油、电、水检查	□ 正常　□ 不正常

二、冷却液的检查

项　目	检 查 结 果
颜色	□ 正常　□ 不正常
有无沉淀（或浑浊）	□ 正常　□ 不正常
有无异味	□ 正常　□ 不正常
液位	□ 正常　□ 不正常

（续）

<table>
<tr><td>实施</td><td colspan="2">三、简述冷却液排放与加注的步骤

四、冷却液使用不当有什么后果?

五、加注、排放冷却液时有哪些注意事项?

六、诊断结论
维修建议：□ 更换　□ 维修　□ 调整</td></tr>
<tr><td rowspan="3">检查与评估</td><td>检查监督</td><td>□ 6S 管理　□ 分工合理　□ 过程完整　□ 操作规范
□ 数据正确　□ 现场恢复　□ 其他异常情况：________</td></tr>
<tr><td>过程考核</td><td><table>
<tr><td colspan="2">考评项目</td><td>组长考核</td><td>教师考核</td><td>备注</td></tr>
<tr><td rowspan="2">素质考评（10 分）</td><td>劳动纪律（5 分）</td><td></td><td></td><td></td></tr>
<tr><td>安全文明生产（5 分）</td><td></td><td></td><td></td></tr>
<tr><td colspan="2">工单考评（40 分）</td><td></td><td></td><td></td></tr>
<tr><td rowspan="4">实操考评（50 分）</td><td>工具使用（5 分）</td><td></td><td></td><td></td></tr>
<tr><td>任务方案（10 分）</td><td></td><td></td><td></td></tr>
<tr><td>实施过程（30 分）</td><td></td><td></td><td></td></tr>
<tr><td>完成情况（5 分）</td><td></td><td></td><td></td></tr>
<tr><td colspan="2">合计（100 分）</td><td></td><td></td><td></td></tr>
<tr><td colspan="2">个人最终成绩</td><td colspan="2"></td><td></td></tr>
</table></td></tr>
<tr><td>实训小结</td><td></td></tr>
</table>

项目 7　发动机总装与验收

任务 7.1　发动机装配工艺规程

<table>
<tr><td>姓名</td><td></td><td>学生组号</td><td></td><td>班级</td><td></td></tr>
<tr><td>实训场地</td><td></td><td>课时</td><td></td><td>日期</td><td></td></tr>
<tr><td>任务目标</td><td colspan="5">掌握相关理论知识，制订工作计划，完成对发动机的装配。</td></tr>
<tr><td>任务描述</td><td colspan="5">4S 店来了一批新员工，技术经理委托你对新员工进行入职培训，按照培训计划安排，本次的培训任务为对雪佛兰科鲁兹轿车的发动机进行装配。</td></tr>
<tr><td>实训设备</td><td colspan="5">拆解的科鲁兹 LDE 发动机。</td></tr>
<tr><td>资讯</td><td colspan="5">一、填空题
1）为防止螺栓松动，紧固螺栓时必须有一定的______，一些重要的螺栓采用的是____________。
2）用活塞环装卸钳按次序安装活塞环，使标记______朝上。
3）调整活塞环开口方向，第一道气环开口与活塞朝前中心线成逆时针______，第二道气环开口与第一道气环开口相差______，油环上刮油片开口与第二道气环开口相差______。
4）雪佛兰科鲁兹 LDE 发动机，在紧固曲轴轴承盖螺栓时，需要分三遍拧紧：第一遍紧固至______ N · m，第二遍紧固____°，第三遍紧固____°。
5）雪佛兰科鲁兹 LDE 发动机，在紧固连杆轴承盖螺栓时，需要分三遍拧紧：第一遍紧固至______ N · m，第二遍紧固____°，第三遍紧固____°
6）雪佛兰科鲁兹 LDE 发动机，在安装飞轮时，分两步紧固飞轮螺栓，第一遍将螺栓紧固至______ N · m，第二遍将螺栓紧固____°。
7）雪佛兰科鲁兹 LDE 发动机，在安装发动机前盖时，需要将发动机前盖螺栓紧固至______ N · m。
8）雪佛兰科鲁兹 LDE 发动机，在安装 15 个油底壳螺栓时，需要将油底壳螺栓紧固至______ N · m。
9）雪佛兰科鲁兹 LDE 发动机，在安装气缸盖时，需要将气缸盖螺栓分五遍紧固：第一遍紧固至______ N · m，第二遍紧固____°，第三遍紧固____°，第四遍紧</td></tr>
</table>

（续）

资讯	固____°，最后一遍紧固____°。 10）雪佛兰科鲁兹 LDE 发动机，在安装进、排气凸轮轴时，需要将凸轮轴轴承盖螺栓从内到外螺旋式紧固至______ N·m。 11）雪佛兰科鲁兹 LDE 发动机，在安装第一凸轮轴轴承盖螺栓时分两遍紧固，第一遍紧固至约______ N·m，第二遍紧固至______ N·m。 12）雪佛兰科鲁兹 LDE 发动机，在安装正时同步带后盖时，需要将正时同步带后盖螺栓紧固至______ N·m。 13）雪佛兰科鲁兹 LDE 发动机，在安装正时同步带张紧器时，需要将正时同步带张紧器螺栓紧固至____ N·m。 14）雪佛兰科鲁兹 LDE 发动机，安装正时同步带后，向正时同步带张紧器______时针方向施加初步的张紧力。 15）雪佛兰科鲁兹 LDE 发动机，安装曲轴扭转减振器时，需要将曲轴扭转减振器螺栓分三遍拧紧，第一遍紧固至______ N·m，第二遍紧固____°，第三遍紧固____°。 16）雪佛兰科鲁兹 LDE 发动机，安装水泵时，需要将水泵螺栓紧固至______ N·m。 17）雪佛兰科鲁兹 LDE 发动机，安装水泵带轮时，需要将水泵带轮螺栓紧固至______ N·m。 18）雪佛兰科鲁兹 LDE 发动机，安装正时同步带上前盖时，需要将 4 个螺栓紧固至______ N·m。 19）新车磨合期里程为________________。 20）在磨合期内，应选择较好的道路并减载限速运行。一般汽车按装载质量标准减载________，并禁止拖带挂车；半挂车按装载质量标准减载________。
	二、根据下列图例，按要求填写相关信息 1）根据下图写出曲柄连杆机构主要零件的名称。 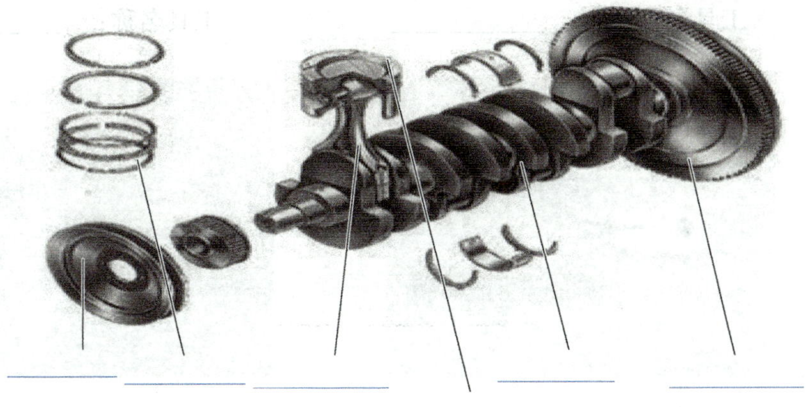

（续）

资讯

2）写出气缸盖螺栓的拧紧顺序。

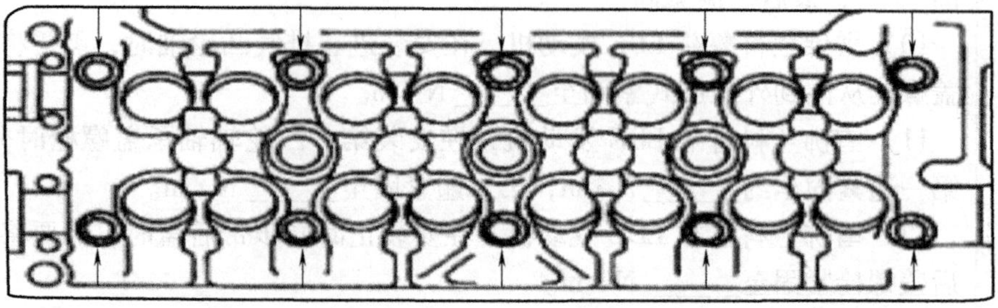

3）写出下列图示常用工具的名称。

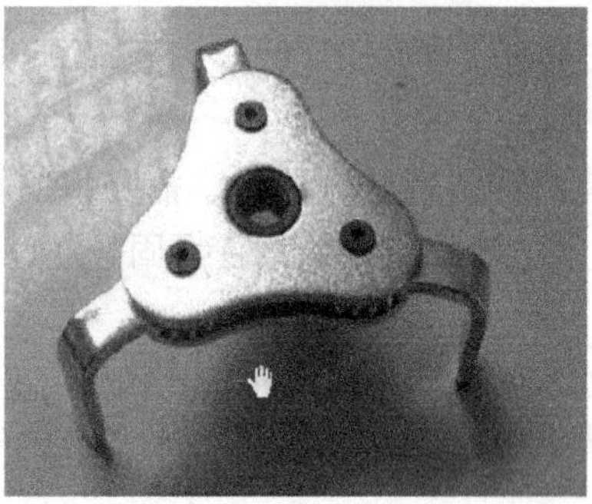

工具名称：________________

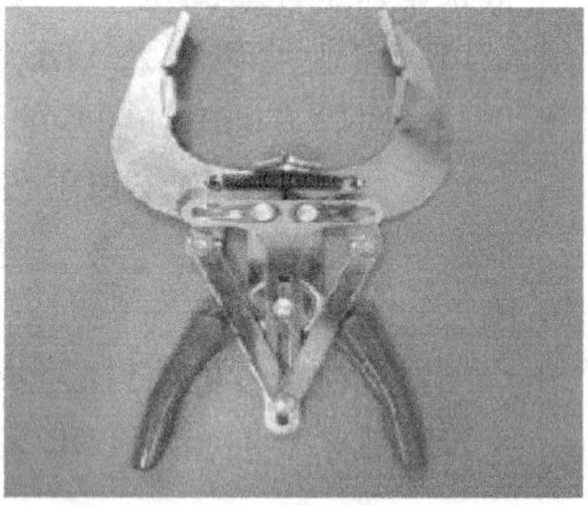

工具名称：________________

工具名称：________________

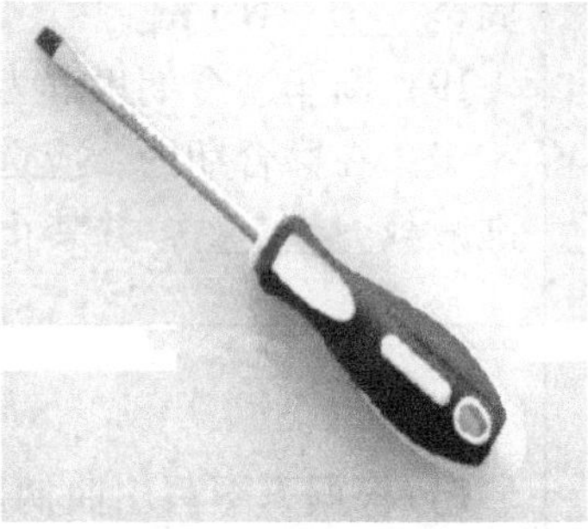

工具名称：________________

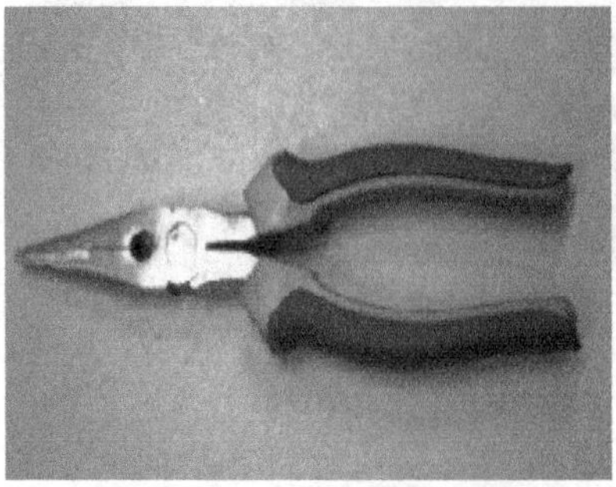

工具名称：________________

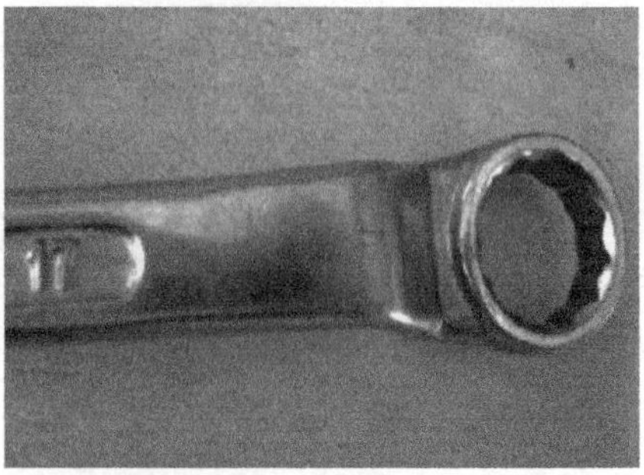

工具名称：________________

（续）

资讯

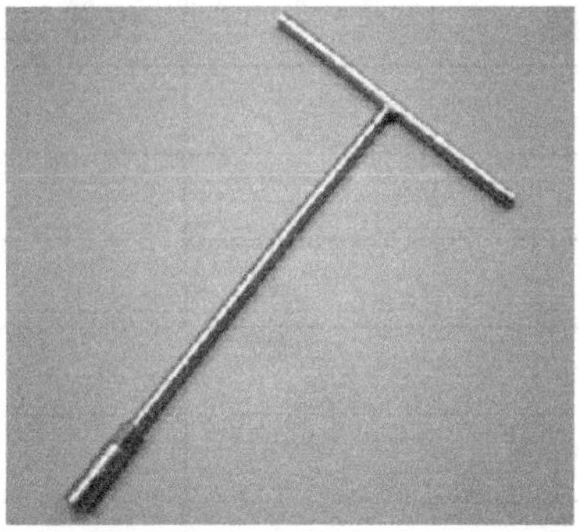

工具名称：__________

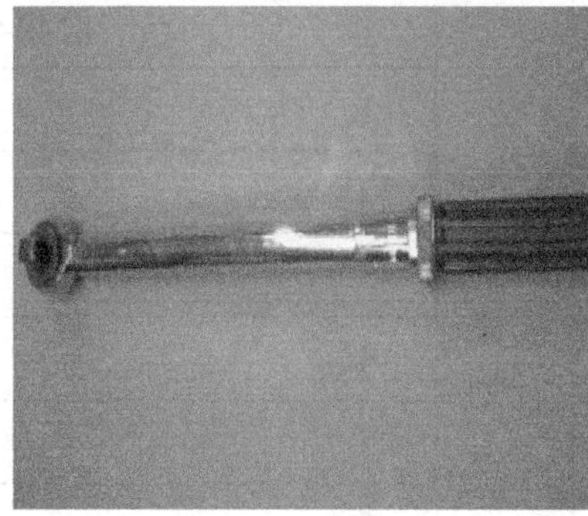

工具名称：__________

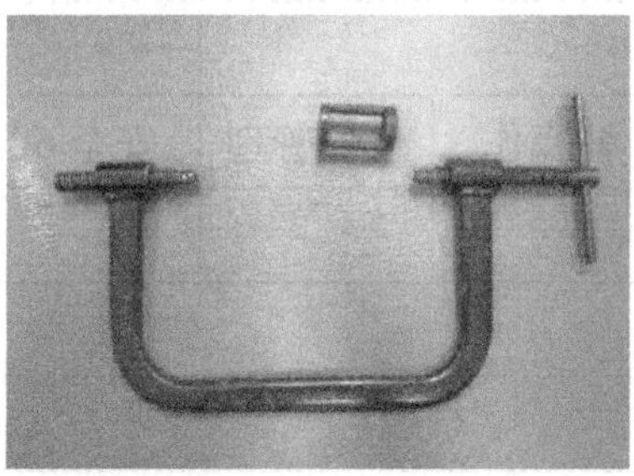

工具名称：__________

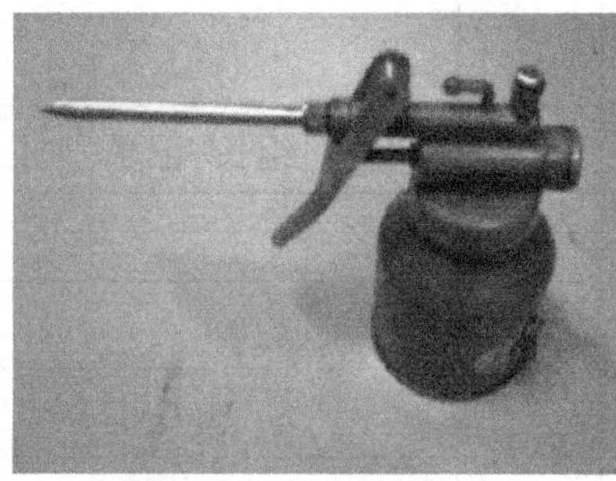

工具名称：__________

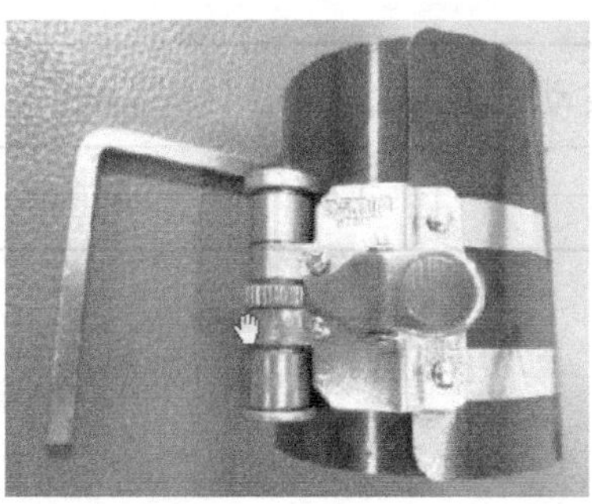

工具名称：__________

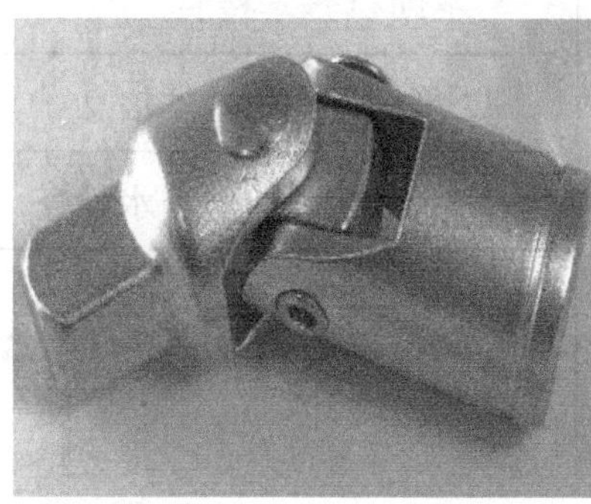

工具名称：__________

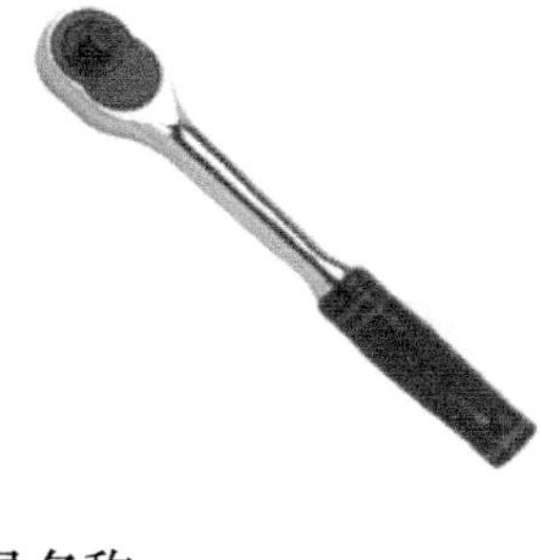

工具名称：__________

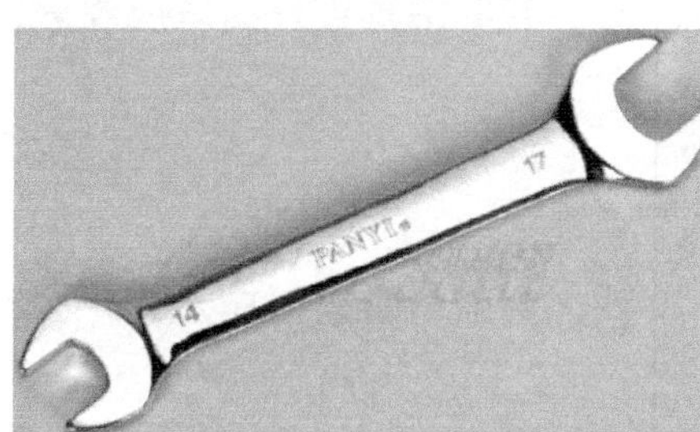

工具名称：__________

（续）

<table>
<tr><td rowspan="13">计划与决策</td><td rowspan="9">实施计划</td><td colspan="5">检测与诊断步骤</td><td colspan="2">仪器与工具、量具</td></tr>
<tr><td colspan="5">1.</td><td colspan="2"></td></tr>
<tr><td colspan="5">2.</td><td colspan="2"></td></tr>
<tr><td colspan="5">3.</td><td colspan="2"></td></tr>
<tr><td colspan="5">4.</td><td colspan="2"></td></tr>
<tr><td colspan="5">5.</td><td colspan="2"></td></tr>
<tr><td colspan="5">6.</td><td colspan="2"></td></tr>
<tr><td colspan="5">7.</td><td colspan="2"></td></tr>
<tr><td colspan="5">8.</td><td colspan="2"></td></tr>
<tr><td rowspan="2">任务分工</td><td>职责</td><td>组长/记录</td><td>主操作</td><td>辅操作</td><td>仪器管理</td><td>安全6S</td><td>质检</td></tr>
<tr><td>姓名</td><td></td><td></td><td></td><td></td><td></td><td></td></tr>
<tr><td rowspan="2">注意事项</td><td colspan="7"></td></tr>
<tr><td colspan="7"></td></tr>
<tr><td>实施</td><td colspan="8">

一、发动机基本检查

1. 登记发动机基本信息	发动机型号：
2. 发动机油、电、水检查	□ 正常　　□ 不正常

二、装配发动机时应注意什么?

三、装配活塞连杆组时应注意什么?

四、安装气缸盖时应注意什么?

</td></tr>
</table>

（续）

实施

五、查维修手册，填写发动机主要螺栓拧紧力矩

部位	螺栓型号	拧紧力矩/N·m
冷却风扇电动机螺栓		
节温器壳体螺栓		
水泵壳体螺栓		
水泵带轮螺栓		
凸轮轴轴承盖螺栓		
连杆轴承盖螺栓		
曲轴轴承盖螺栓		
气缸盖螺栓		

检查与评估

检查监督：□ 6S 管理　□ 分工合理　□ 过程完整　□ 操作规范　□ 数据正确　□ 现场恢复　□ 其他异常情况：________

过程考核：

考评项目		组长考核	教师考核	备注
素质考评（10 分）	劳动纪律（5 分）			
	安全文明生产（5 分）			
工单考评（40 分）				
实操考评（50 分）	工具使用（5 分）			
	任务方案（10 分）			
	实施过程（30 分）			
	完成情况（5 分）			
合计（100 分）				
个人最终成绩				

实训小结：

任务 7.2　发动机验收基本条件

姓名		学生组号		班级	
实训场地		课时		日期	
任务目标	掌握相关理论知识，制订工作计划，完成发动机装配后的验收。				
任务描述	4S 店来了一批新员工，技术经理委托你对新员工进行入职培训，按照培训计划安排，本次的培训任务为对雪佛兰科鲁兹轿车的发动机进行验收。				
实训设备	大修竣工的科鲁兹 LDE 发动机。				

资讯

填空题

1）复装的发动机最大功率应不低于原厂规定的________，最大转矩应不低于原厂规定的________，最低燃料消耗应符合______________。

2）发动机气缸压力应符合原厂规定，汽油机各缸压力差不超过各缸平均值的____，柴油机不超过____。

3）在发动机装复后，应进行发动机的________和________。

4）冷磨是指____。

5）发动机冷磨时不装________，不加________________。

6）一般情况冷磨时间为________。冷磨一段时间后，装好火花塞，借助气缸的压缩压力来增加冷磨载荷是极为有益的。

7）发动机冷磨的初始转速一般为________，然后以________的级差逐级增加转速，冷磨终了转速一般为________。

8）热试是指____。

9）热试的前提条件是____。

10）热试时，要求水套温度保持在________℃之间，若发动机温度过高，可能出现胀缸或拉缸等故障。

11）发动机热试磨合第一阶段要求曲轴转速在________ r/min 之间，工作时间为____ min。

12）发动机热试磨合第二阶段要求曲轴转速在________ r/min 之间，工作时间为____ min。

13）发动机热试磨合第三阶段要求曲轴转速在________ r/min 之间，工作时间为____ min。

14）热试时应观察衬垫、油封、水封及接头处有无漏____、漏____、漏____、漏____的现象。

15）汽油机飞轮上标注的记号是________上止点。

16）有负荷磨合分__________和__________两种。

（续）

<table>
<tr><td>资讯</td><td colspan="8">17）发动机装配是把________、________和________，按一定的顺序和____组装成完整发动机的工作过程。
18）大修后的发动机经______和______后，进行发动机的验收。
19）发动机曲轴位置传感器安装于______附近。
20）发动机验收中允许______、____________、______有轻微的声响。</td></tr>
<tr><td rowspan="13">计划与决策</td><td rowspan="9">实施计划</td><td colspan="6">检测与诊断步骤</td><td>仪器与工具、量具</td></tr>
<tr><td colspan="6">1.</td><td></td></tr>
<tr><td colspan="6">2.</td><td></td></tr>
<tr><td colspan="6">3.</td><td></td></tr>
<tr><td colspan="6">4.</td><td></td></tr>
<tr><td colspan="6">5.</td><td></td></tr>
<tr><td colspan="6">6.</td><td></td></tr>
<tr><td colspan="6">7.</td><td></td></tr>
<tr><td colspan="6">8.</td><td></td></tr>
<tr><td rowspan="2">任务分工</td><td>职责</td><td>组长/记录</td><td>主操作</td><td>辅操作</td><td>仪器管理</td><td>安全6S</td><td>质检</td></tr>
<tr><td>姓名</td><td></td><td></td><td></td><td></td><td></td><td></td></tr>
<tr><td rowspan="2">注意事项</td><td colspan="7"></td></tr>
<tr><td colspan="7"></td></tr>
<tr><td>实施</td><td colspan="8">

一、发动机基本检查

1. 登记发动机基本信息	发动机型号：
2. 发动机油、电、水检查	□ 正常　□ 不正常

二、冷磨中、冷磨后有哪些注意事项?

</td></tr>
</table>

（续）

<table>
<tr><td rowspan="1">实施</td><td colspan="2">三、热试时有哪些注意事项？

四、热试后若进行拆检其主要内容有哪些？</td></tr>
<tr><td rowspan="3">检查
与评估</td><td>检查
监督</td><td>□ 6S 管理　□ 分工合理　□ 过程完整　□ 操作规范
□ 数据正确　□ 现场恢复　□ 其他异常情况：________</td></tr>
<tr><td>过程
考核</td><td>
<table>
<tr><th colspan="2">考评项目</th><th>组长考核</th><th>教师考核</th><th>备注</th></tr>
<tr><td rowspan="2">素质考评（10 分）</td><td>劳动纪律（5 分）</td><td></td><td></td><td></td></tr>
<tr><td>安全文明生产（5 分）</td><td></td><td></td><td></td></tr>
<tr><td colspan="2">工单考评（40 分）</td><td></td><td></td><td></td></tr>
<tr><td rowspan="4">实操考评（50 分）</td><td>工具使用（5 分）</td><td></td><td></td><td></td></tr>
<tr><td>任务方案（10 分）</td><td></td><td></td><td></td></tr>
<tr><td>实施过程（30 分）</td><td></td><td></td><td></td></tr>
<tr><td>完成情况（5 分）</td><td></td><td></td><td></td></tr>
<tr><td colspan="2">合计（100 分）</td><td></td><td></td><td></td></tr>
<tr><td colspan="2">个人最终成绩</td><td colspan="2"></td><td></td></tr>
</table>
</td></tr>
<tr><td>实训
小结</td><td></td></tr>
</table>

参考文献

[1] 曹红兵. 汽车发动机构造与维修实训指导 [M]. 北京：机械工业出版社，2014.
[2] 李清明. 汽车发动机机械系统维修 [M]. 北京：机械工业出版社，2013.
[3] 武忠. 汽车发动机机械系统检修 [M]. 北京：机械工业出版社，2013.
[4] 占百春，徐展. 发动机机械系统故障检测诊断与修复 [M]. 北京：北京出版社，2014.
[5] 蒋红枫. 汽车构造与拆装（发动机部分）[M]. 北京：机械工业出版社，2015.
[6] 汤少岩，徐永亮. 汽车发动机构造与维修 [M]. 上海：上海交通大学出版社，2014.
[7] 孙丽，曲健. 汽车发动机拆装实训 [M]. 2 版. 北京：机械工业出版社，2015.
[8] 房颖. 汽车拆装实训 [M]. 北京：机械工业出版社，2015.
[9] 史雷鸣. 汽车发动机机械系统检修实训 [M]. 郑州：河南科学技术出版社，2013.
[10] 石晓东，常鹤. 发动机机械构造实训指导书 [M]. 长春：东北师范大学出版社，2015.
[11] 黄俊平. 汽车发动机维修实训 [M]. 北京：机械工业出版社，2009.
[12] 臧杰，阎岩. 汽车构造：上册 [M]. 2 版. 北京：机械工业出版社，2012.